डॉ. रामानन्द

डॉ. रामानन्द समाजविज्ञानी हैं और वर्तमान में सेंटर ऑफ़ पॉलिसी रिसर्च एंड गवर्नेंस के निदेशक हैं। उन्होंने टाटा सामाजिक विज्ञान संस्थान, मुम्बई से दलित एवं जनजातीय विषय में एम.ए. और शिक्षाशास्त्र में दिल्ली विश्वविद्यालय से लोकतंत्र और शिक्षा के अन्तर्सम्बन्धों पर पी-एच.डी. किया है। सामाजिक नीतियों में उनकी गहरी रुचि है। शिक्षा और समाजिक विषयों पर उनके लेख, विभिन्न पत्र-पत्रिकाओं में प्रकाशित हुए हैं।

ई-मेल : ramanand.tiss@gmail.com

अपनी कहानी : शृंखला-1

हमारा जीवन हमारी यादें

संघर्षों की आग में तपकर आए सामाजिक नायकों का आत्म-वृत्तान्त

सम्पादक

डॉ. रामानन्द

प्रस्तावना

सुनील आम्बेकर

राजकमल पेपरबैक्स

राजकमल पेपरबैक्स में
पहला संस्करण : फरवरी, 2023
दूसरा संस्करण : मई, 2023

राजकमल पेपरबैक्स : उत्कृष्ट साहित्य के जनसुलभ संस्करण

राजकमल प्रकाशन प्रा.लि.
1-बी, नेताजी सुभाष मार्ग, दरियागंज
नई दिल्ली-110 002
द्वारा प्रकाशित

शाखाएँ : अशोक राजपथ, साइंस कॉलेज के सामने, पटना-800 006
पहली मंजिल, दरबारी बिल्डिंग, महात्मा गांधी मार्ग, प्रयागराज-211 001

वेबसाइट : www.rajkamalprakashan.com
ई-मेल : info@rajkamalprakashan.com

बी.के. ऑफसेट
नवीन शाहदरा, दिल्ली-110 032
द्वारा मुद्रित

मूल्य : ₹199

HAMARA JEEVAN : HAMARI YADEIN
Edited by Dr. Ramanand

ISBN : 978-93-95737-72-2

अनिकेत की स्मृति को समर्पित

अनिकेत, जिसके पास बहुत कुछ था कहने को,
जिसे काल ने हम सबसे छीन लिया।

क्रम

प्रस्तावना

इसकी जरूरत

प्रत्येक मनुष्य में भिन्न-भिन्न प्रकार की प्रतिभा तथा गुण होते हैं। ऐसा कोई भी व्यक्ति नहीं जिसमें कोई गुण ही न हो। एक समाज को ऐसे सारे गुणों की आवश्यकता होती है और ऐसे सब लोगों के सामूहिक योगदान से ही समाज सुगठित होता है और निरन्तर आगे बढ़ता है; इसलिए किसी भी मनुष्य को हीन या दीन समझना न केवल अन्यायपूर्ण है वरन् मूर्खता भी है। एक सुभाषित में कहा गया है—'अयोग्यः पुरुषो नास्तिः योजकस्तत्र दुर्लभ'। इसीलिए स्वामी विवेकानन्द ने कहा था—मनुष्य अमृत पुत्र है। उसके गुण व कुशलताएँ या विशेषताएँ भिन्न-भिन्न हो सकती हैं परन्तु कोई भी व्यक्ति उससे विहीन नहीं होता—इस बात पर पूर्ण विश्वास करते हुए हम समाज के सभी लोगों को समान दृष्टि से देख सकते हैं। समता को आदर्श तत्त्व मानकर न्यायपूर्ण व्यवहार के द्वारा ही एक समग्र समाज का निर्माण हो सकता है।

'अपनी कहानी' उपर्युक्त विश्वास को स्थापित करनेवाले युवा-नायकों की छोटी-सी परन्तु बेहद प्रेणादायक कथा है। सामान्य रूप से परिस्थितिवश कुछ विशिष्ट प्रतिभाएँ पीछे रह जाती हैं जिससे उन व्यक्तियों या उनके परिवार को ही नहीं बल्कि राष्ट्र को भी हानि उठानी पड़ती है। जब हम ऐसे युवाओं की कहानी को पढ़ते-सुनते हैं, तो ध्यान में आता है कि यदि एक संवेदनशील समाज में लोगों के लिए आत्मीयतापूर्ण भाव हो, तो ऐसी प्रतिभाएँ पुष्प की तरह खिल उठती हैं। समाज के पिछड़े कहे जानेवाले तथा अत्यन्त निर्धन पृष्ठभूमि वाले समुदायों में से भी केवल अपवादस्वरूप नहीं, बल्कि समान रूप से ऐसी प्रतिभाएँ भी निकलकर आ सकती हैं जो हमारे लिए सन्दर्भ बन सकें। आशा लकड़ा, अनिकेत ओव्हाल, धनराज हरियाले, और कलीराम अपने जीवन से इसी का प्रत्यक्ष उदाहरण प्रस्तुत करते हैं।

अखिल भारतीय विद्यार्थी परिषद् के इन कार्यकर्ताओं का जीवन एक सामान्य परिस्थिति से प्रारम्भ होता है। आशा, धनराज—ये अपने समाज में स्नातक तक पहुँचनेवाले प्रथम छात्र और छात्रा हैं। इनकी लड़खड़ाती यात्रा में जब विद्यार्थी परिषद् जैसे संवेदनशील संगठन के कार्यकर्ता शामिल होते हैं, तो हम सहज भाव से ही उनके जीवन में आए परिवर्तन को अनुभव कर सकते हैं। इस प्रक्रिया का विस्तार से वर्णन इस पुस्तक में किया गया है। ये केवल इन चार लोगों की कहानियाँ नहीं हैं, ये प्रतिनिधि कहानियाँ हैं। ये एक-सी प्रक्रियाएँ हैं जो संघ और समान विचार के आधार पर चलनेवाले विद्यार्थी परिषद् या समाज में उनसे जुड़े अनेक संगठनों में सतत रूप से चल रही हैं। परिणामस्वरूप, समाज के अनुसूचित जाति, जनजाति, आर्थिक और सामाजिक दृष्टि से पिछड़े समुदायों के नवजवान लगातार आगे बढ़ रहे हैं। इन व्यक्तियों की एक विशेषता यह है कि ये समाज के आधार से आए

अवश्य हैं, परन्तु परिषद् के सान्निध्य में रहने के कारण वे अपने कर्तव्य-बोध से युक्त होकर अपने समाज की चिन्ता करते-करते संकुचन-मुक्त हुए और अब उन्होंने एक अखिल भारतीय दृष्टिकोण व व्यापक समझ विकसित कर ली है। अपने आसपास की समस्याओं को व्यापक रूप में देख पाने के कारण ही उनमें सम्पूर्ण समाज के प्रति मानवीय व व्यावहारिक संवेदना का विकास हो सका है।

बिना किन्हीं विशेष प्रावधानों के भी एक समान अवसर में भी ये लोग सतत आगे बढ़ रहे हैं और एक आत्मीयतापूर्ण सेवा-भावना के साथ न केवल राष्ट्र अपितु अपने-अपने सामाजिक श्रेणी में भी सक्रिय रूप से काम कर रहे हैं। ये लोग समाज के दोष और अन्याय मिटाने के लिए तो प्रतिबद्ध हैं ही; न्याय दिलाने के लिए भी संघर्षशील हैं। इनकी जो यह यात्रा है, वह एक सामान्य उपेक्षित परिस्थिति से पार पाकर समाज में सम्मान व व्यक्तिगत जीवन में सफलता के सोपान रच रही है। दृष्टि-सम्पन्न सामाजिकता और राष्ट्रीयता के साथ उनका जो विकास हुआ है, वह प्रशंसनीय है।

उनकी विकास-प्रक्रिया से युक्त यह जीवन-यात्रा विद्यार्थी परिषद् एवं विभिन्न प्रतिष्ठित संगठनों में सतत व स्थायी भाव से चल रही है। इसको समझने के लिए इन चारों का जीवन-चरित्र, जो संक्षिप्त में यहाँ वर्णित है, हमारी सहायता करता है। यह पुस्तक अत्यन्त महत्त्वपूर्ण और प्रेरक है। सामाजिक अभिसरण की जो यह प्रक्रिया है, वह उनके अध्ययन के लिए भी उपयोगी है ताकि कल्पनालोक के समाज के सिद्धान्तों से ऊपर उठकर एक वास्तविक, संवेदनशील, सकारात्मक प्रक्रिया को हम एक अध्ययन-प्रक्रिया के रूप में

समझ सकें। यह आरम्भिक चरण है, जिससे ज्ञात होता है कि बहुत सारे चरित्र और भी हैं जो समाज में भविष्य के छुपे हुए नायक सिद्ध होंगे। समाज के उन अनेक नायकों को सामने लाने की यह श्रृंखला बढ़ती रहेगी। इसके पहले खंड में चार ऐसे व्यक्ति आपके सामने हैं। आपसे अनुरोध है कि आपके आसपास यदि कोई भी ऐसा चरित्र हो, तो आप भी सुझाव दे सकते हैं। पूरा देश ऐसे व्यक्तियों को जानना चाहता है। प्रोफेसर बदरी नारायण, जिनके अध्ययनों ने हमें मार्गदर्शन दिया एवं इसके सम्पादक डॉ. रामानन्द, जिन्होंने इसे अत्यन्त मेहनत से इस परियोजना को मूर्त किया, उन दोनों के प्रति मैं आभार व्यक्त करता हूँ। मैं एक बार पुनः डॉ. रामानन्द और उनके सभी सहयोगियों का इस महत्त्वपूर्ण ऐतिहासिक कार्य के लिए अभिनन्दन करता हूँ और उनसे यह आश्वासन लेना चाहता हूँ कि आनेवाले दिनों में भी ऐसे नायकों की कहानियों को समाज के सामने सतत रूप से लाते रहेंगे।

आभार!

—सुनील आम्बेकर

ऐसे बनता है देश

अपनी कहानी

'अपनी कहानी', यह पुस्तक नहीं है अपितु एक यात्रा है जो हमारे समाज में बहुत-से लोग प्रारम्भ करते हैं मगर कुछ लोगों की यात्राएँ उनकी मंजिल तक पहुँचती हैं, कुछ की नहीं भी पहुँचती हैं। इस शृंखला के माध्यम से हमारा प्रयास होगा कि हम इन सभी यात्राओं को आपके सामने इन यात्रियों के शब्दों में ही रखें।

समाज में आन्दोलन, संगठन, विरोध और सृजन की प्रक्रिया निरन्तर चलती रहती है। इस प्रक्रिया में उनकी मुलाकात समाज के अनगिनत लोगों से होती है। उनमें से कुछ लोगों की यात्राएँ और अनुभव अविस्मरणीय होते हैं—न केवल उनके लिए, बल्कि उनसे जुड़े प्रत्येक व्यक्ति के लिए, जो उनकी यात्रा के साक्षी होते हैं अपितु उनके लिए भी, जो उस यात्रा के बारे में सुनते और पढ़ते हैं।

'अपनी कहानी' ऐसी ही यात्राओं और यात्रियों के अनुभव को संकलित

करने का प्रयास है जो आए अवश्य सामान्य परिस्थिति से मगर जिनके संघर्ष और जिजीविषा ने न केवल यात्रा से जुड़े हर व्यक्ति को रोमांचित किया अपितु प्रोत्साहित भी किया।

इस किताब में चार चरित्रों की कहानी है। वे चार चरित्र कहने को अलग-अलग प्रदेशों से हैं, अलग-अलग बोलियों को बोलनेवाले हैं मगर उनके संघर्ष में कुछ समानताएँ हैं। पुस्तक के चारों चरित्र परिस्थिति के सामने हार नहीं मानते अपितु उससे डटकर मुकाबला करते हैं, उसको बदलने में यकीन करते हैं।

इन चारों के जीवन से जुड़े प्रसंग पढ़कर आपको लगेगा कि शायद आप अपने जीवन या जीवन में आए कुछ लोगों की कथा पढ़ रहे हैं। इनके संघर्ष सामान्य समाज का हिस्सा हैं। मगर सारे चरित्र नायिका और नायक हैं क्योंकि न केवल इन्होंने अपने जीवन को बदला है अपितु अपने आसपास के लोगों के जीवन को भी बदला है। अपने समुदायों-समाजों में प्रेरणा का संचार किया है। इनके जीवन का अनुसरण करके आज समाज में बहुत-से लोग परिस्थिति और समाज को बदलने को निकल रहे हैं।

इस पुस्तक में हम जिन चार लोगों को पढ़ेंगे, वे कोई साधारण व्यक्तित्व नहीं हैं, वे इस समाज को नेतृत्व देनेवाले लोग हैं। हमें अक्सर लगता है कि इस देश और समाज को केवल चन्द मुट्ठी भर लोग चलाते हैं मगर इनकी कहानियाँ पढ़कर आपको लगेगा कि वास्तव में समाज और राष्ट्र को बदलनेवाले लोग कहाँ से आते हैं और कैसे उनका रूपांतरण होता है।

समाज-विज्ञानियों और राजनीतिक हलकों में यह महसूस किया गया है कि किस प्रकार 1990 के बाद से वंचित समूहों की भागीदारी भारतीय लोकतंत्र में बढ़ी है। यह भागीदारी यूँ ही नहीं बढ़ी अपितु इसके पीछे विभिन्न

सामाजिक संगठनों की महत्ती भूमिका है जिन्होंने इन समूहों को ध्यान में रखकर अपनी योजनाएँ बनाईं जिससे कि इन समूहों की पर्याप्त भागीदारी हो ताकि इन समूहों के लोगों को विभिन्न क्षेत्रों में प्रतिनिधित्व मिल सके।

विद्यार्थी संगठनों की भूमिका इसलिए और महत्त्वपूर्ण हो जाती है क्योंकि 90 के दशक के बाद से ऐसे छात्र जो किसी तरह स्कूली शिक्षा तो ख़त्म कर चुके थे मगर उनके सपने कॉलेज के गेट पर आकर टूट जाते थे क्योंकि कॉलेज के गेट खुलने के लिए जिन संसाधनों की जरूरत थी, वे इन छात्रों के पास नहीं थीं।

इस कहानी के एक पात्र कलीराम को तो कुछ लोग मिल गए जिन्होंने उनके लिए कॉलेज के गेट खोल दिये मगर बहुत-से लोगों को ऐसे लोग नहीं मिल पाते हैं, जो उनके लिए सफलता का गेट खोल सकें।

शिक्षा ऐसा रास्ता है, जिसके माध्यम से समाज में न केवल परिवर्तन लाया जा सकता है अपितु परिवर्तन की गति भी बढ़ाई जा सकती है इसलिए आवश्यक है कि शिक्षा में ज्यादा-से-ज्यादा उन वंचित समूहों की भागीदारी बढ़ाई जाए, जो सामाजिक और आर्थिक रूप से पिछड़े हैं। इसके लिए केवल नीति बनाने से या प्रावधान करने से काम नहीं चलेगा अपितु जमीन पर इसका पालन हो, यह भी सुनिश्चित करना होगा।

सामाजिक संगठनों, विशेष कर ऐसे संगठन जो शिक्षा के क्षेत्र में कार्य करते हैं, उनकी भूमिका और भी महत्त्वपूर्ण हो जाती है क्योंकि जमीनी स्तर पर अनुपालन में आ रही परेशानियों से वे परिचित होते हैं। ऐसे संगठन जो सीधे जमीन पर कार्य करते हैं, इसलिए उनका जुड़ाव उन सभी लोगों से होता है जो जमीन से जुड़े मुद्दों के प्रति सचेत होते हैं। यह प्रक्रिया दो तरह से होती है। कई बार संगठन ऐसे मुद्दों को उठाते हैं जो समुदाय

से सीधे जुड़े होते हैं। फलतः लोग उन मुद्दों के माध्यम से संगठनों से जुड़ते हैं और संगठन उन मुद्दों को व्यापक समाज से जोड़कर समाधान के लिए प्रयास करते हैं। माध्यम कोई भी हो मगर इन दोनों ही माध्यमों से आम जन में से स्वाभाविक नेतृत्व सामने आता है जो न केवल अपने समुदाय का नेतृत्व करता है अपितु सम्पूर्ण समाज को एक नया दृष्टिकोण भी प्रदान करता है। ऐसा माना गया है कि भारतीय समाज में नये नेतृत्व के उभार का कारण कुछ संघठनों के द्वारा समाज के वंचित वर्गों को केन्द्र में रखकर किया गया कार्य है। इसके कारण इन समुदायों से नेतृत्व उभरकर आ भी आ रहा है और ये संगठन इन समुदायों को नेतृत्व के अवसर प्रदान भी कर रहे हैं। इसकी एक झलक मौजूदा राजनीतिक और सामाजिक नेतृत्व को भी देखकर हो जाता है कि किस प्रकार से वंचित समुदायों के नेतृत्व में लगातार इजाफा हो रहा है और ऐसी अपेक्षा भी है कि यह लगातार बढ़ेगा भी।

भारतीय राजनीति में स्वतंत्रता के प्रारम्भ से ही भारतीय राष्ट्रीय कांग्रेस सभी वर्गों के लिए एक स्वाभाविक पसन्द रही है। ऐसे में यह स्वाभाविक था कि इसके प्रारम्भिक समय में हर वर्ग के लोग इससे जुड़े, मगर जैसे-जैसे एक राष्ट्र के रूप में हमारी यात्रा आगे बढ़ी, ऐसे अनेक संगठन/व्यक्ति हुए जिनका भारत को लेकर एक अलग दृष्टिकोण था। प्रारम्भ में उनके दृष्टिकोण को उतनी मान्यता नहीं मिली मगर जैसे-जैसे समाज ने उनके कार्यों को देखा और अनुभव किया, उनकी प्रामाणिकता और विश्वसनीयता स्थापित होती गई। राष्ट्रीय स्वयंसेवक संघ की स्थापना 1925 में हुई और धीरे-धीरे यह संगठन सम्पूर्ण भारत में फैलता चला गया। संघ के अनुषंगिक और इसके विचार से प्रभावित संगठन भी कई क्षेत्रों में कार्य करने लगे। इन संगठनों ने

अपने विचार और सेवा कार्य को न केवल सभी वर्गों, समाजों तक अपितु देश के दुर्गम क्षेत्रों तक भी पहुँचाया है।

यही कारण है कि आज के समय में हम जब संघ और इसके अनुषंगिक संगठनों के माध्यम से, समाज में परिवर्तन होते हुए देखते हैं तो हमें यह ध्यान रखना चाहिए कि यह परिवर्तन तात्कालिक न होकर वर्षों के सतत प्रयासों का परिणाम है। इन संगठनों के उदय के पीछे का कारण देखते हैं तो हमें ध्यान में आता है कि किस प्रकार समाज के सभी वर्ग—चाहे वह दलित समाज हो या जनजातीय, पिछड़ा वर्ग हो या अल्पसंख्यक समुदाय—सभी का प्रतिनिधित्व, इन संगठनों में, न केवल दिखाई देता है अपितु इनमें नेतृत्व की भूमिका में भी होता है।

यह पुस्तक ऐसे ही पात्रों की कहानी है जिनकी यात्रा तो एक विद्यार्थी के रूप में एक छोटे-से स्तर पर प्रारम्भ हुई मगर अपने अथक और ईमानदार प्रयासों से उन्होंने न केवल संगठन का प्रसार किया अपितु अपने प्रतिभा से भी लोगों का परिचय कराया।

इस पुस्तक के नायक छोटे-से गाँव और छोटी-सी बस्तियों से निकलकर आए हैं मगर उनके कार्य का फलक बहुत ही विस्तृत है, ऐसा उन्होंने अपने कर्तृत्व से दिखाया है। इन नायकों की यात्रा अभी रुकी नहीं अपितु निरन्तर चल रही है। इनकी मंजिल में कोई विश्राम नहीं है। ये सभी नायक न केवल अपने समाज, क्षेत्र अपितु राष्ट्र के नायक हैं। अभी तक की इनकी यह यात्रा यही बताती है।

जब इस दौर में यह पुस्तक लिखी जा रही है तो भारत के राष्ट्रपति के रूप में माननीय राष्ट्रपति रामनाथ कोविंद जो दलित समुदाय से आते हैं, उन्होंने अपने कार्यकाल पूरा किया है। उनके बाद भारतीय लोकतंत्र ने

श्रीमती द्रौपदी मुर्मू जी को भारत की पहली जनजातीय महिला के रूप में राष्ट्रपति चुना है। एक तरह से देखा जाए तो माननीय राष्ट्रपति की संघर्ष की कहानी, इन पात्रों से ज्यादा अलग नहीं है। जिस प्रकार एक राष्ट्र के रूप में समाज के सभी वर्ग, समुदाय भारत की पहली जनजातीय महिला का स्वागत कर रहे हैं, वह हमें बताता है कि हमारा समाज संघर्षों और संघर्षों से निकलकर आए हुए लोगों के प्रति कितना संवेदनशील और गम्भीर है।

इस पुस्तक की प्रेरणा माननीय सुनील जी ने दी। उन्होंने एक दिन यह प्रश्न मेरे सामने रखा और कहा कि हमारे आसपास के लोग, जिन्होंने अपने जीवन में शिक्षा और समाज में स्थान के लिए अत्यन्त संघर्ष किया है, उनके संघर्षशील जीवन को एक प्रेरणा के रूप में कैसे रखा जा सकता है? उनकी संघर्ष-गाथा और कहानियों को मौजूदा व्यवस्था अपने प्रकाशनों में स्थान नहीं दे रही है, इसके लिए हम क्या कर सकते हैं?—इस प्रश्न पर विचार करने के लिए एक दिन उन्होंने प्रो. बदरी जी से चर्चा की। इस चर्चा में यह बात निकली कि समाज के वंचित वर्गों की जीवन-यात्रा के वृत्तान्त को हम किस रूप में समाज के सामने ला सकते हैं। यह चर्चा ही थी जिसने एक गोष्ठी को जन्म दिया जिसमें समाज के विभिन्न नायक अपने जीवन-वृत्तान्तों के साथ आए। उन्होंने अपनी संघर्ष-कथा को हमारे सामने रखा और इस पुस्तक को मूर्त रूप देने के लिए इसे अपने जीवन-वृत्तान्तों से सज्जित किया।

इस पुस्तक की प्रेरणा देने के लिए मैं आदरणीय सुनील जी का आभारी हूँ जिन्होंने इस विचार को चिन्तन के लिए हमारे सामने रखा। इस पुस्तक से सम्बन्धित जब भी हमने किसी भी परेशानी का सामना किया, सुनील जी मार्गदर्शक के रूप में हमारे समक्ष मौजूद रहे। मैं प्रोफेसर बदरी नारायण, जिनके शोधों ने हमें ऐसे कार्य करने के लिए प्रेरित किया, उनके प्रति आभार

व्यक्त करता हूँ। मैं श्री प्रफुल्ल जी, श्री रघुनंदन जी का आभार व्यक्त करता हूँ जिन्होंने पात्रों के बारे में हमें बताया।

आशा है कि 'अपनी कहानी' की इस सघर्ष-यात्रा में भी आपको अपने आसपास के पात्र दिखाई देंगे और उनके संघर्षों के क्षण को आप पहचान पाएँगे। इस विश्वास के साथ कि 'अपनी कहानी' की पहली कड़ी आपको पसन्द आएगी, यह कड़ी को हम आपको समर्पित करते हैं।

—डॉ. रामानन्द

चकमक पत्थर से निकला प्रकाश

कलीराम की जगबीती

पारिवारिक पृष्ठभूमि

मेरे नाना स्वर्गीय श्री रामलाल कुमरे जी और नानी काको स्वर्गीय श्रीमती रखिया कुमरे जी की पाँच सन्तानें थीं। परिवार में दो भाई एवं तीन बहनें थीं। सबसे बड़ी बहन मीरा बाई कुमरे, फुलंता बाई कुमरे, सुईमा बाई कुमरे एवं भाई श्री रामनाथ कुमरे तथा श्री जयकिशन कुमरे निवासी ग्राम लाखादेह, पोस्ट मगरदा, रहटगाँव, जिला हरदा, मध्य प्रदेश के मूल निवासी हैं। यह गाँव चारों ओर से वनाच्छादित है। यहाँ पहुँचने के लिए आज से सत्तर वर्ष पहले यातायात के साधन उपलब्ध नहीं थे और आज भी यातायात के कोई साधन उपलब्ध नही हैं। जिला मुख्यालय से लगभग तीस-चालीस किलोमीटर की दूरी पर बसा हुआ यह गाँव सागौन एवं बाँस के घने जंगल

में स्थित है जहाँ चारों तरफ वन्य-जीव, शेर, चीते, भालू, हिरण इत्यादि का बसेरा है। लाखदेह वनग्राम होने के कारण यहाँ पर वनों एवं वन्य-जीव की रोकथाम एवं सुरक्षा के लिए वन विभाग के द्वारा नाका/चौकी बनाई गई है। ग्राम में वन विभाग द्वारा बनाई गई विभिन्न प्रकार की समितियाँ एवं संगठन संचालित हैं। गाँव और वनों के विकास एवं रक्षा-सुरक्षा की जिम्मेदारी ग्रामीण लोग वन समिति बनाकर करते हैं। गाँव के पास एक साप्ताहिक बाजार लगता है जहाँ पर वनवासी आज भी पैदल चलकर खरीदारी के लिए आते हैं।

मेरी माँ नाना की एकलौती ऐसी सन्तान थीं जो पुरुषों द्वारा किये जानेवाले सभी कार्य करती थीं। एक समय के बाद वह सभी काम मेरी माँ के लिए वरदान बन गए। मेरे नाना कहा करते थे कि मेरी माँ बहुत मेहनती एवं योग्य थीं जो पूरे परिवार को सँभालने में महत्त्वपूर्ण भूमिका निभा रही थीं। बड़ी बहन मीरा बाई कुमरे के विवाह होने के बाद पूरे परिवार की जिम्मेदारी माँ पर आ गई। नाना एवं नानी अकेले कुछ कर नहीं पा रहे थे और उस दौरान, आज से सत्तर-पचहत्तर वर्ष पहले, बहुत गरीबी थी। जब माँ के कन्धों पर घर-परिवार की जिम्मेदारी आई तो माँ ने गाँव के पुरुषों के साथ मिलकर वनों से लक्ड़ी के लट्ठे और बाँस के गट्ठे लाना शुरू किया। उन्होंने कुछ दिन दिहाड़ी मजदूरी की, नाना-नानी के साथ खेती-किसानी में हाथ बँटाने का काम किया। माँ को देखकर गाँव के लोग कहा करते थे कि भगवान ने इस महिला को पुरुष क्यों नहीं बनाया? जैसे-जैसे परिवार बढ़ता गया, माँ पर बोझ बढ़ता गया। माँ जंगल से लकड़ी के लट्ठे, बाँस के गट्ठे लेकर आतीं और घरेलू सामान जैसे बैलगाड़ी बनाना, खेती-किसानी के औजार, हल, बख्खर, जुआ, आरा, पुट्टी, सोफा, पलंग, खटिया, चारपाई, टुकली, झटकडी आदि सामान बनाने का काम करने लगीं तो घर में भी इनका उपयोग हुआ एवं गाँव के

लोग भी उनसे यह सामान बनवाना प्रारम्भ कर दिए। इस प्रकार घर-परिवार का भरण-पोषण एवं लालन-पालन करते हुए नानाजी के हाथ बँटाते हुए पूरे परिवार के साथ अपना जीवन-यापन किया। गरीबी किसी को अच्छी नहीं लगती लेकिन जब नाना और नानीजी हमें इसकी कहानी-किस्से के माध्यम से सुनाते, तो वह बहुत ही रोचक, सारगर्भित एवं प्रेरणादायक होती थी। माँ कहा करती थीं कि जब उन्होंने जवानी में कदम रखा तो वह पुरुषों के कन्धे से कन्धा मिलाकर काम करतीं और अच्छे-अच्छे पुरुषों को काम में पीछे छोड़ देती थीं। वे प्रतिदिन तीन समय का भोजन करतीं और एक समय में बारह रोटी, एक कटोरा चावल और दाल, सब्जी प्रतिदिन उनकी खूराक थी। गरीबी से तड़पना, रोना या किसी तरह अपने जीवन को आगे कैसे बढ़ाना, यह कठिन दौर माँ के सामने आया। दो छोटे भाई एवं नाना-नानी आपस में बात करते तो उन्हें ध्यान से सुनना एवं उस काम को मन लगाकर करना और अपने काम पर लग जाना ही उनका काम हो गया था।

जैसे-जैसे भाई बड़े हुए तो उन्होंने भी माँ और नाना-नानी का हाथ बँटाना आरम्भ कर दिया। अब स्थिति थोड़ी बदली और परिवार में चार लोग काम करने लगे। वन विभाग द्वारा दी गई भूमि पर खेती-किसानी करते और अपना भरण-पोषण कर जीवन निर्वाह करते हुए वे विवाह योग्य हो गईं। माँ के दोनों भाई उनसे छोटे थे एवं उनकी तीनों बहनें उनसे बड़ी थीं। उस समय वर पक्ष को वधू पक्ष के द्वारा दहेज के रूप में कीमती सामान अथवा वस्तु देने का रिवाज नहीं हुआ करता था। पहले के जमाने में भूमिदान, पशुदान एवं कन्यादान के माध्यम से विवाह सम्पन्न कराए जाते थे। जब माँ के लिए विवाह-प्रस्ताव आया तो नाना-नानी ने विवाह-प्रस्ताव स्वीकार कर लिया और कहा कि 'हम आपको अपनी बेटी देंगे परन्तु हमारे पास आपको दहेज के रूप में देने के

लिए कुछ नहीं है। आपकी बाराती आएगी तो उनके खाने-पीने का इन्तजाम भी नहीं हो सकेगा। अगर आप हमें अन्न, धन और रुपये-पैसे से मदद करेंगे तो हम अपनी बेटी का विवाह कर सकेंगे।' मेरे दादाजी तैयार हो गए। उन्होंने कहा कि 'ठीक है, हम आपसे वादा करते हैं, हम अपनी बारात का खर्च एवं आपके यहाँ का भी खर्च उठाने को तैयार हैं। आप विवाह की तैयारी करना प्रारम्भ कर दीजिए।' तो मेरे नानाजी मान गए। दादाजी एवं नानाजी के बीच हुई बातचीत के आधार पर विवाह की तैयारियाँ होने लगीं। जब यह बात माँ तक पहुँची कि अब उनकी शादी होनेवाली है तो वह बहुत परेशान हो गईं कि अब इसे कैसे टाला जाए? पर क्या करें, मर्यादा में रहकर 'हाँ' कहने और 'न' कहने का सवाल था। साथ ही माता-पिता की आज्ञाकारी बेटी होने के कारण उसे मानना भी था। माँ ने सोचा, जो हुआ सो हुआ। माता-पिता ने सोच-समझकर ही फैसला किया होगा, यह सोचती हुई माँ विवाह के लिए तैयार हो गईं। लेकिन बचपन से आज तक माता-पिता का लाड़-दुलार तथा छोटे भाइयों का प्यार एवं उनका साथ उनसे छोड़ा नहीं जा रहा था। इस तरह से माँ के विवाह की तैयारियाँ होने लगीं और एक माह तक आदिवासी वैवाहिक रस्मोरिवाज चलते रहे। आदिवासी समुदाय आज भी उसी परम्परागत विधि-विधान से विवाह करता आ रहा है, जैसा वह पहले करता था।

कई आदिवासी क्षेत्रों में आज भी पुराने रीति-रिवाज से ही विवाह, जन्म और मृत्यु के संस्कार प्रचलन में हैं। माँ पन्द्रह दिन पहले दुलहन के रूप में तैयार हुईं एवं पन्द्रह दिन तक आदिवासी रीति-रिवाज के अनुसार गाँव के हर घर में उनके लिए भोजन बनता। यह 'मायके की आखिरी रोटी खाने आने' का रिवाज था सो वह रोज किसी-न-किसी नये घर जातीं। इस दिन आदिवासी युवती गाँव के उस घर में अपना जूठन गिराती है, जहाँ वह भोजन करने जाती

है और उसके घर-परिवार वालों से गले मिलकर खूब रोती, गाती, बिलखती है। और अन्त में यह रस्म पूरी होने के बाद वह क्षण आ ही जाता है, जिस क्षण का दोनों परिवार वालों को बेसब्री से इन्तजार रहता है। ठीक वैसा ही माहौल दादाजी के यहाँ भी था। आदिवासी युवक पन्द्रह-बीस दिन पहले दूल्हा बना दिये जाते हैं और वे गाँव के सगे-सम्बन्धी, रिश्तेदार-नातेदार के घर जाकर भोजन करते हैं। यहाँ भी विवाह के संस्कार पूर्ण किये जाते हैं। दोनों जगह के अपने-अपने रीति-रिवाज चलते रहते हैं।

आदिवासी समाज में कई प्रकार की पूजा-पद्धति और उपासना-विधियाँ होती हैं जिसको पूरा करना आवश्यक माना जाता है। मेरे गाँव एवं नाना के गाँव के बीच लगभग अस्सी किलोमीटर की दूरी थी। बार-बार आना-जाना सम्भव नहीं था, यातायात के साधन भी उपलब्ध नहीं थे, सो एक बार में ही सारी वैवाहिक रस्मों को पूरा करना था। नाना एवं दादा के बीच हुए समझौते के अनुसार उस समय में खाद्य अनाज के रूप में आदिवासी समाज में केवल कोदो, कुटकी, ज्वार, बाजरा, साँवा, उड़द, बरबटी, बल्लर, धान, मक्का, चना मुख्य रूप से हुआ करता था। सो नाना को दादा के द्वारा दो मन कोदो, कुटकी एवं दाल की भेंट दी गई। इसके बाद विवाह की रस्में शुरू हुईं। यातायात के कोई साधन तो उपलब्ध थे नहीं, सो बारात बैलगाड़ी से एवं दूल्हा घोड़ागाड़ी से लाखादेह पहुँचे। दो दिन जाने में और दो दिन बारात वापस आने में लगे थे।

ननिहाल में किये जानेवाले संस्कार और वैवाहिक रस्में

दुलहन के घर पनघट की पूजा की जाती है जिसे चिवना देना कहते हैं। आदिवासी परम्परा के अनुसार, अपने-अपने पक्ष के भुमका पुजारी होते

हैं। कहीं-कहीं पर एक पक्ष के ही भुमका पुजारी पूजा-पाठ एवं वैवाहिक कार्यक्रम सम्पन्न कराते हैं जो दोनों पक्ष के रजामंदी से होते हैं। इसे हम लगनिया, भुमका पुजारी कहते हैं। इनके साथ एक महिला रहती है जो लगनिये कहलाती है। यह वह महिला होती है जो दूल्हे के पक्ष से होती है और वह दूल्हे की भाभी, बहन आदि हो सकती है। भुमका पुजारी के द्वारा विवाह सम्पूर्ण विधि-विधान के द्वारा सम्पन्न किया जाता है। जब तक विवाह सम्पन्न नहीं हो जाता, दोनों लगनिया एवं लगनिये की जिम्मेदारी होती है कि वे विवाह को सम्पूर्ण करने के बाद ही छुट्टी लें। दुलहन बनने से लेकर विदाई तक की रस्मों में दुलहन के साथ उनकी सहेली भी साथ में जाती है। दुलहन बनाना, मंडप उठाना, हल्दी लगाना, बिनाकी निकालना, माता एवं गणेश-पूजन करना, मुठवा पूजना आदि प्रमुख रस्में हैं। मंडप उठने के बाद दुलहन मंडप में प्रवेश नहीं कर सकती, जब तक दूल्हा मंडा मार नहीं लेता है। मंडा मारने के बाद दुलहन के द्वारा वरमाला पहनाई जाती है। वरमाला होने के बाद बारातियों को भोजन-पानी एवं उसके बाद अन्य रस्में पूरी की जाती हैं, जैसे भाँवर पड़ना, कन्यादान करना, दोनों पक्षों के बीच मेल-मिलाप, फिर विदाई। इसके पश्चात् माँजी की विदाई हुई एवं दो दिन बाद नानाजी एवं गाँव के लोग बाराती बनकर हरदू आए और माँजी को लिवाकर बौडा ले गए।

नानाजी के द्वारा माँजी को विदाई में 5 एकड़ भूमि का दान दिया गया था कि मेरी बेटी ने आज तक बेटों के जैसा काम किया है। इसलिए उसे मेरे हिस्से की भूमि में से 5 एकड़ भूमि का दान देता हूँ जिससे वह कभी भी यहाँ आकर उस भूमि से अनाज पैदा कर सकती है। आजकल मामाजी के द्वारा उस भूमि का उपयोग किया जा रहा है।

इसी कड़ी में दादा-दादी एवं परिवार के अन्य सदस्य भी एक किलकारी मारनेवाला पोता या पोती का इन्तजार करते हैं कि कब उनकी गोदी की शोभा बढ़ानेवाले पोता-पोती आएँगे। ठीक उसी प्रकार से पति-पत्नी भी अपना एवं अपने परिवार के चहेते बेटा-बेटी का इन्तजार करते हैं कि कब किलकारी मारनेवाला उनके पास ईश्वर भेजेगा। इस तरह की जब मैंने अपने माता-पिताजी की बात सुनी, तो मैं भावुक हो गया कि क्यों मेरे जन्म होने या लेने में इतनी देर हो गई और मेरे माँ-पिता, दादा-दादी को इन्तजार करना पड़ा है?

तब समझ में आया कि वास्तव में मेरा जन्म बहुत ही विषम परिस्थितियों में हुआ है। मेरे जन्म के लिए मेरे माता-पिता ने सात-आठ वर्ष भगवान से विनती की कि उनके घर में कोई अपना वारिस, छोटा बच्चा, नाती-पोता, बेटा-बेटी पैदा हो। वैसे तो मेरा परिवार बहुत बड़ा था किन्तु परिवार और गाँव के लोग तरह-तरह से ताने मारा करते थे कि इतने वर्ष होने के बाद भी कोई सन्तान नहीं है। देखो, बाँझ औरत आ रही है। इसका मुँह देखना भी पाप के समान है। इसमें बच्चा पैदा करने की हिम्मत नहीं है। नाना प्रकार की बातें माँ को सुनने को मिलती थीं। माँ पहले से ही मर्दों की तरह हर काम में दक्ष थीं और घर से लेकर खेत-बाड़ी तक के सारे काम नाना-नानी के यहाँ से सीखकर आई थी सो वह भला कहाँ पीछे रहनेवाली थी! बस, कमी थी तो एक सन्तान की। आखिरकार भगवान ने एक दिन सुन ही लिया कि अब मैं तुम्हें और ताना नहीं सुनने दूँगा। और वह दिन आ ही गया, जब एक डॉक्टर के रूप में स्वयं भगवान ने आकर कहा कि बहन, आपके घर में गणेश जी आनेवाले हैं, आप तैयारी कर लीजिए। माँ ने उस डॉक्टर से पूछा कि कब तक गणेश जी मेरे आँगन में आएँगे? तब डॉक्टर साहब ने

उत्तर दिया, 'बहन जी, अगस्त का महीना चल रहा है और आनेवाले दिनों में जन्माष्टमी के दिन आप भगवान श्रीकृष्ण के जन्मदिन पर उनसे माँग लेना। भगवान श्रीकृष्ण जी ने चाहा तो अवश्य ही आपके घर कन्हैया/ गणेश जी आ जाएँगे।

जैसे ही जन्माष्टमी का दिन आया, माता-पिता तथा पूरे परिवार ने मिलकर भगवान श्रीकृष्ण की जयन्ती पर भगवान श्री कृष्ण से विनती कर विधि-विधान से पूजा-पाठ किया।

ठीक उसके एक वर्ष के बाद उन्हें माता-पिता बनने का सुख प्राप्त हुआ। उनके मनोरथ पूरे हुए। मेरा जन्म चार अगस्त उन्नीस सौ चौरासी को हुआ परन्तु माँ के कठोर परिश्रम एवं परिवार की आर्थिक स्थिति ठीक नहीं होने के कारण मेरे जन्म के समय प्राकृतिक अथवा अप्राकृतिक रूप से जो भी कहें, माँ को दूध आना बन्द हो गया। एक बूँद भी दूध नहीं आ रहा थ। तमाम इलाज, वैद्य एवं सभी प्रकार के साधन अपनाने के बाद भी जब दूध नहीं आया तो मजबूरी में सात-आठ दिन के इस अबोध बालक को कोदो, कुटकी की दलिया खिलाई गई। उस दौरान घर में बहुत-से पशु हुआ करते थे जिसमें से एक गाय ने भी अपने बच्चे को जन्म दिया हुआ था। उस गौ माता का दूध पीकर मैंने अपना जीवन शुरू किया। समय बीता, मैं बड़ा होता गया। जब मैं पैदा हुआ था तो दुबला-पतला था, इसलिए परिवार एवं गाँव के लोग भी मुझे गोद में लेने से भी परहेज करते थे। मेरी माँ को दूध नहीं उतरा था और मैं माँ का दूध नहीं पी सका तो एकदम से कमजोर हो गया था। हालत मेरी उतर गई थी सो लोग मुझे भूत-प्रेत का बच्चा समझते थे। कोई अन्य-अन्य नाम दे देते थे। परन्तु माता-पिता ने परवरिश करने में कोई कमी नहीं रखी।

दस वर्ष की अवस्था में मुझे पता लगने लगा कि मेरे परिवार में कितने सदस्य हैं और वे कौन लोग हैं। परिवार में पिता के भाई अलग-अलग निवास कर रहे थे। जब मैंने जानने का प्रयास किया कि क्या सभी लोग एक ही माता-पिता की सन्तानें हैं, तब पता चला कि मेरे दादाजी स्वर्गीय श्री जोगी इवने के दो विवाह हुए थे। मेरी दो दादियाँ थीं। दोनों दादियों के दो-दो बेटे थे। एक दादीजी से पिताजी एवं एक चाचाजी तथा चार बुआ हैं। दूसरी दादी की सन्तानें हैं : दो बड़े पापा, चाचाजी एवं पाँच बुआ। इनके भी पूर्व में जाकर देखा जाए तो मेरे दादाजी के पिता यानी परदादा जी के भी दो विवाह हुए थे। सबसे अच्छी बात यह थी कि मेरे जन्म के समय भी वे सभी जीवित थे और सभी ने मेरी देखभाल, लालन-पालन किया। मेरे जीवन में यह जो शुभ क्षण आए, वह हर बालक की किस्मत में नहीं होता। जब मैं पाँच वर्ष का था, तब उनके साथ घूमता। उन्हें परेशान करता।

मुझे याद आता है कि मेरे दादाजी के पिताजी जब किसी सांस्कृतिक कार्यक्रम में जाते तो वह मुझे भी ले जाते। वहाँ आदिवासी लोकनृत्य के कार्यक्रम अक्सर हुआ करते थे। जब भी वे कार्यक्रम में ढोलक बजाते थे तब मैं भी लोकनृत्य में सहभाग करता। इस प्रकार मैं आदिवासी लोककला में निपुण होता गया। अब मैं भी लोकसंगीत और आदिवासी कार्यक्रमों में जाने लगा और लोकसंगीत का गायन करने लगा। मेरे दादाजी के पिता भी लोक-कलाओं में निपुण होने के साथ-साथ आदिवासी लोकनृत्य एवं भारतीय लोकसंगीत में माहिर थे। उसी दौरान मेरी दूसरी दादी उनके लोक-कलाकार रूप को देखकर मोहित हो गईं और उनसे विवाह कर लिया, वह भी भागकर। मेरे दादाजी के पिता अपने रूप से बहुत सुन्दर महिलाओं को अपनी ओर आकर्षित कर लेते थे। मेरे परदादा की एक विशेषता थी कि

कोई भी व्यक्ति दिखने पर वह उसे अपने पास बुलाते और अपने पास बिठा कर नाना भाँति के किस्से-कहानियाँ सुनाया करते थे।

बुढ़ापा तो था लेकिन वे लोगों को उनकी आवाज से पहचान जाते थे कि वह फलाँ आदमी है। उन्हें खाने-पीने का बड़ा शौक था। वे परिवार वालों से हमेशा शिकायत करते थे कि उन्हें भोजन नहीं दिया गया। उन्हें भोजन चाहिए तो कोई भी उनके सामने से निकलता, उससे यही बात कहा करते थे। कोई अगर उनके सामने से चुपचाप निकलता तो लाठी या कुबड़ी उसके पैर में फँसाकर अपनी ओर खींच लिया करते थे। उस वक्त यदि कोई उनकी बात नहीं मानता, वह जाने नहीं देते। एक समय ऐसा भी आया कि उनके सामने हम खेल रहे थे तो उन्होंने चुपचाप अपनी कुबड़ी से हमारा पैर फँसाया और अपने पास खींच लिया। वे बोले कि 'मुझे खाना नहीं मिला, मुझे खाना दो।' उनको बुढ़ापे में बार-बार भूख लगती थी। ऐसा लगता था कि उनके ऊपर कोई दानव चढ़ आया था सो खाना खाने के बाद भी उन्हें खाने की बार-बार याद आया करती। उन्हें 'दानव भूता' कहा जाने लगा। उनकी पत्नियों की उम्र भी अस्सी-पच्चासी के आसपास थी। वे भी चलने-फिरने में असमर्थ थीं और परदादा भूताजी बुढ़ापे की अन्तिम दहलीज पर थे, और उनकी याददाश्त भी जा चुकी थी। इस तरह से एक वाकया ऐसा हुआ कि दोनों पत्नियों का बारी-बारी से निधन हो गया और उसके बाद मेरे दादा का लगभग अस्सी-पच्चासी वर्ष में निधन हो गया। परिवार में सबसे अन्त में मेरे परदादा का 103 वर्ष में निधन हुआ। उसके बाद परिवार में मेरे पिता एवं चाचा, दादी माँ, बुआ का माँ ने भरण-पोषण किया। धीरे-धीरे सभी बुआओं का विवाह हो गया और चाचा श्री छन्नूलाल इवने का विवाह मेरे सामने चाची श्रीमती मालती बाई इवने के साथ हुआ। इसके पश्चात् मेरे घर एक

नया मेहमान, मेरा छोटा भाई बलीराम इवने का जन्म हुआ और उस दौर में शासन की योजना के तहत माता-पिता ने नसबन्दी करा ली। हमारे दोनों भाइयों के अलावा उनके कोई सन्तान नहीं हुई।

उस दौर में जब गरीबी का आलम चरम पर था, घर में खाने को जब कुछ नहीं हुआ करता था तब वनों से भाजी-पाला लाते थे और उसे उबालकर परिवार के सभी लोग खाते। भोजन में कभी ज्वार की रोटी तो कभी कोदो-कुटकी का भात तो कभी चिरोटा के पत्तों की भाजी बनती। कभी-कभी तो हम लोग महुआ के लड्डू या कोया और जावा का ही सेवन कर सो जाया करते थे। इस कथा में कहीं-कहीं मैंने जो शब्द प्रयोग में लाए हैं, उनमें से अधिकांश शब्द गोंडी भाषा के हैं जो आदिवासियों की क्षेत्रीय बोली है। एक तथ्य और बताना उचित होगा। जब मैं पाँच-दस वर्ष का था, तब मेरी बुआओं की शादी हुई। तब मैं भी उनके विदाई में बिलख-बिलखकर उनके लिए रोता रहा। गाँव के नर-नारी, सभी यही कहा करते कि लड़का पागल हो गया है क्योंकि मेरा स्वभाव शुरू से ही प्रेमपूर्ण और भावुक था। मैं पन्द्रह-बीस दिनों तक लगातार रोता रहा।

बुआजी के साथ रहकर मैं घर के सारे काम करना सीख गया। घर के चूल्हे-चौके से लेकर खेती-बाड़ी का काम सीख गया। जब मैं पाँच-दस वर्ष का अबोध बालक था, तब से मैंने घर का सारा काम करने लगा था। घर लीपना, खाना बनाना, पानी लाना, खेत-बाड़ी में फसलों की निराई-गुड़ाई करना, फसल पककर तैयार हो जाने पर फसल की कटाई आदि कृषि से सम्बन्धित कार्य एवं घर के सभी काम करने लगा।

मेरे आसपास के लोग मानते थे कि मैं बचपन से ही बहुत उत्सुक, होनहार और प्रतिभाशाली था। गाँव से दूर एक कुआँ हुआ करता था।

पूरे गाँव के लोग उसी कुएँ से पानी लाया करते थे। आज भी वे दिन याद आते हैं तो मन झूम उठता है। गाँव के सभी नर-नारियाँ मुझे एक बहू के रूप में घर का काम सँभालनेवाली 'फलाने की बहू' पानी भरने आई है, ऐसा कहने लगे थे। बहू को गोंडी भाषा-बोली में कोड़ियाड कहा जाता है। उस दृष्टि से वे मुझे बुलाते और मेरी तारीफ करते थे। मैं घर-परिवार के सभी सदस्यों के कपड़े-लत्ता चाहे वे पहननेवाले हों या फिर बिस्तर वाले कपड़े हों, सभी की धुलाई किया करता था। घर में गौमाता का कोटा साफ करना हो, गोबर उठाना हो या झाड़ू लगाना हो, यह सब काम करते हुए परिवार के वे सब काम करना सीख गया जो एक महिला के द्वारा किया जाता है, जैसे धान कूटना (इसे गोंडी भाषा में वंजी उस्सा या आटा पिसना कहते हैं)। मैं यह सब काम करता। पहले के जमाने में चक्की नहीं हुआ करती थी। सुबह चार बजे उठना और फिर अनाज पीसने का काम, धान कूटने का काम, फिर पानी लाना, झाड़ू लगाना—यह दिन-प्रतिदिन का काम बन गया। बचपन से लेकर आज तक कभी मैंने किसी भी काम को करने के लिए 'ना' नहीं किया। जब मैं दस-पन्द्रह वर्ष का था, तो मेरे पैदा होने की मनौती पूरी की गई। घर पर भगवान गणेश जी की मूर्ति लाकर उनकी पूजा-अर्चना पूरे विधि-विधान से ग्यारह दिन तक की गई। बचपन में मेरा नाम अनोखी लाल हुआ करता था। अनोखी लाल से लल्लू बना, लल्लू से मोटू बना, मोटू से कलीराम बना जो अब मेरा नाम है।

नाम ननिहाल एवं ददिहाल, दोनों से मिलते हैं। नानाजी कली एवं बली कहा करते थे। पिताजी के नाम में राम लिखा था सो उन्होंने अपना राम मुझे प्रदान किया और मैं कलीराम इवने के नाम से जाना जाने लगा। लोग मुझे

अपने नये नाम—कलीराम—से जानने लगे। इस प्रकार से मेरे बचपन एवं परिवार का पड़ाव पूरा हुआ

परिवार की सामाजिक-आर्थिक पृष्ठभूमि

हमें किसी प्रकार के सामाजिक भेदभाव का सामना नहीं करना पड़ा। समाज में सभी धर्मों, जातीय समुदाय में मान-सम्मान मिलता रहा। समाज में सभी वर्गों के साथ उठना-बैठना एवं उनके साथ सभी सामाजिक कार्यक्रमों में सहभागिता रही। आदिवासी परम्परा के अनुसार सभी समाज में स्थान मिला और समाज के बदलते प्रतिमानों के अनुसार अन्य जातीय समुदाय भी हमारे साथ मिल-जुलकर रहते हैं। कभी अन्य वर्गों के यहाँ कोई कार्यक्रम रहा होगा तो हम लोग चले जाया करते और कभी हमारे घर-परिवार के कार्यक्रमों में अन्य समाज के लोग सहभागिता करते हैं। हमारे गाँव में चार वर्णों के लोग निवास करते हैं, जैसे गौली (यादव) समाज, गोंड समाज, परधान समाज, हरिजन समाज। इन सबके बीच सभी प्रकार के सामाजिक सम्बन्ध हैं। इस प्रकार से गाँव में निवासरत जनजाति समाज एवं अन्य समाज के साथ कभी किसी प्रकार से लड़ाई-झगड़े एवं वाद-विवाद नहीं हुए हैं। भारतीय समाज को ध्यान में रखते हुए मैं सभी धर्मों, सम्प्रदायों को आदर और सम्मान करता हूँ। मुझे अपने जीवन में कुछ अपवाद भी झेलने पड़े, आगे बढ़ने में कठिनाइयों का सामना भी करना पड़ा। जब मैं उच्च शिक्षा ग्रहण करने के लिए महानगरों में पहुँचा तो मुझसे पूछा गया कि तुम किस जाति से आते हो? जब मेरे द्वारा बताया गया कि मैं भारतीय समाज के अन्तर्गत जनजातीय समाज से आता हूँ, तो मुझसे कहा गया कि तुम यहाँ तक कैसे पहुँच गए

हो? तुम्हारे अंक कितने हैं और आगे क्या करना चाहते हो? मैंने अपने बारे में और अपने शिक्षा से सम्बन्धित अंक बताए। मेरा चयन समाज-कार्य विषय में स्नातकोत्तर स्तर पर विश्वविद्यालय में होना चाहिए था, मैं वहीं प्रवेश लेना चाहता था लेकिन मेरा प्रवेश विश्वविद्यालय में नहीं हो सका। आखिरकार मुझे निजी महाविद्यालय में प्रवेश लेना पड़ा था जिसका प्रवेश शुल्क एवं शैक्षणिक शुल्क सहित प्रथम एवं द्वितीय वर्ष में लगभग बीस से पचीस हजार रुपये था। मैं इसका इन्तजाम नहीं कर सका था। मुझे शुल्क चुकाने के लिए परिवार, रिश्तेदारों और मित्रों से उधार के लिए निवेदन करना पड़ा। किसी ने भी उस समय मेरी मदद नहीं की। अन्ततः मुझे माता-पिता की सहमति से एक एकड़ भूमि मात्र पच्चीस हजार रुपये में बेचना पड़ा। उस समय परिस्थिति का फायदा उठाकर भूमि खरीददार ने माता-पिता के निरक्षर होने का भरपूर उपयोग कर धोखाधड़ी के साथ एक एकड़ भूमि के बदले में दो एकड़ भूमि की रजिस्ट्री अपने और अपने साले के नाम से करवा ली। आज भी वह भूमि वापस प्राप्त नहीं हुई है। मेरे द्वारा कानूनी कार्यवाही के अन्तर्गत पुलिस अधीक्षक बैतूल, जिलाधीश बैतूल, नायब तहसीलदार चिचोली एवं पुलिस थाना चिचोली में शिकायत दर्ज करवाई गई परन्तु कोई लाभ आज तक नहीं हुआ है। इस प्रकार से समाज के ही लोगों के द्वारा मेरा एवं मेरे परिवार का शोषण किया गया।

परिवार की आर्थिक पृष्ठभूमि

मेरे परिवार की आर्थिक स्थिति सक्षम नहीं थी। एक मध्यम एवं गरीब परिवार में जन्म हुआ। आर्थिक साधन के क्षेत्र में कृषि-कार्य, दैनिक मजदूरी कार्य

एवं वन उत्पादों पर निर्भरता रही है। परिवार में आर्थिक समस्याओं को देखते हुए साहूकारों, पटेलों, व्यापारियों एवं धनी व्यक्तियों के यहाँ नौकर के रूप में काम करना पड़ता था। इसके बदले मुझे दिन-भर के बीस रुपये मिला करते थे। मैं पन्द्रह-बीस वर्ष की उम्र तक दैनिक मजदूरी के लिए जाता रहा। इसके साथ ही साथ स्कूल की पढ़ाई भी जारी रखी। जब भी मुझे शैक्षणिक शुल्क सम्बन्धी समस्याएँ आतीं तो परिवार एवं मित्रों से थोड़ी-बहुत आर्थिक सहायता लेकर आगे की पढ़ाई निरन्तर जारी रखता। मेरे परिवार में कोई भी शिक्षित नहीं था। मेरा परिवार गरीबी रेखा से नीचे जीवन-यापन करते हुए जैसे-तैसे आधा धन घर-परिवार गर और आधा धन मेरी शिक्षा पर खर्च कर रहा था।

मैं शिक्षा के क्षेत्र में जैसे-जैसे आगे बढ़ता गया, वैसे-वैसे मुझे आर्थिक समस्याओं का सामना और ज्यादा करना पड़ा। मेरे जीवन में संयोगवश एक ऐसा पड़ाव आया जब मैंने कक्षा आठ उत्तीर्ण कर विकास खंड स्तर पर हाईस्कूल में प्रवेश लिया। अब आर्थिक समस्याओं का सामना आए दिन होने लगा। इसी बीच मुझे कई महानुभवों ने मार्गदर्शन व आर्थिक सहयोग दिया। मैं उन महापुरुषों को कोटि-कोटि धन्यवाद देता हूँ। श्री जयसिंग तोमर, श्री हरिराम उबनारे, श्री धर्मेन्द्र कुमार शर्मा, श्री बी.डी. बीजगावने, श्री अशोक कापसे, श्री एन.के. मालवीय इत्यादि महापुरुषों के मार्गदर्शन एवं आर्थिक सहयोग से मैं कक्षा नौ से बारह तक की शिक्षा प्राप्त करने में सफल रहा।

गाँव का वातावरण

आज की स्थिति में इलाके में यह सबसे शिक्षित गाँव के रूप में जाना जाता

है। मेरे गाँव में सबसे अधिक महिला-पुरुष शासकीय नौकरी एवं अन्य क्षेत्रों में कार्यरत हैं। गाँव में कक्षा एक से लेकर बारहवीं तक विद्यालय है। अनुसूचित जनजाति बहुल क्षेत्र होने के कारण सामाजिक, सांस्कृतिक, पारम्परिक व पर्यावरणीय रूप से सुन्दर गाँव है। परिषद् से जुड़कर मैंने अपने गाँव में शिक्षा के क्षेत्र में योगदान किया है। परिषद् में रहते हुए मैंने अपने गाँव एवं विकास खंड स्तर के प्राथमिक स्कूल एवं हाईस्कूल के विद्यार्थियों को उत्कृष्ट विद्यार्थी सम्मान प्रदान किया। शिक्षा के प्रति अलख जगाने, बच्चों को मार्गदर्शन देने एवं उन्हें प्रमाण पत्र, स्मृति चिन्ह से उत्साहवर्धन तथा प्रोत्साहन हेतु प्राथमिक शाला के कक्षा एक से लेकर कक्षा बारह तक के प्रतिभावान छात्र-छात्राओं को मार्गदर्शन हेतु सेमीनार तथा पढ़ाई के प्रति लगाव हो, इस दिशा में काम किया है। आज भी सामाजिक, सांस्कृतिक एवं शैक्षणिक क्षेत्र में कार्य निरन्तर जारी है। अभी हाल ही में एक समिति का गठन किया है जिसमें गाँव के सभी शासकीय कर्मचारियों को शामिल किया गया है।

निर्धन छात्रों की आर्थिक मदद के लिए गरीब कल्याण विद्यार्थी कोष की व्यवस्था की गई है। इसी के साथ नि:शुल्क पुस्तकालय, शिक्षक और नि:शुल्क कोचिंग क्लास के माध्यम से उन्हें शिक्षा प्रदान की जा रही है। प्रतियोगी परीक्षाओं की तैयारी करनेवाले छात्र-छात्राओं को परीक्षाओं की तैयारी करवाई जा रही है। आज यहाँ पर पन्द्रह-बीस छात्र-छात्राएँ प्रतियोगी परीक्षाओं की तैयारी कर रहे हैं। गाँव में ही उन्हें सही मार्गदर्शन एवं शिक्षा से सम्बन्धित वे सभी सुविधाएँ उपलब्ध हों, ऐसा प्रयास समिति के माध्यम से किया जा रहा है।

प्राथमिक स्कूली शिक्षा

प्राथमिक स्कूली शिक्षा के दौरान गाँव में दो शिक्षक प्रतिदिन तीन समय ग्राम का भ्रमण करते थे : सुबह, दोपहर और शाम। वे घर-घर जाकर शिक्षा के प्रति जागरूकता फैलाते एवं गाँव के लोगों से बच्चों को स्कूल भेजने हेतु विशेष रूप से प्रेरित करते। गाँव में उनके भ्रमण करने से बच्चे प्रतिदिन स्कूल जाने लगे। मेरा प्रवेश भी गाँव के स्कूल में ही हुआ। कक्षा एक से लेकर कक्षा आठ तक शिक्षा गाँव के शासकीय स्कूल से हुई। मेरे प्राथमिक शिक्षकों में स्वर्गीय श्री भग्गूलाल भलावी, श्री मोहनलाल इरपाचे, श्री छोटेराम उइके, श्रीमती ममता उइके, श्री राविलास उइके और श्री प्यारेलाल धुर्वे आदि शिक्षकों द्वारा प्राथमिक शिक्षा प्राप्त की। उनकी प्रेरणाओं से ही आज मैं इस मुकाम तक का सफर तय कर सका। मेरे माता-पिता पढ़े-लिखे नहीं थे इसलिए वे मुझे सात वर्ष होने तक स्कूल में दाखिला नहीं दिला पाए थे। निरक्षर रहने की वजह से उनको बच्चों को स्कूल भेजना है या नहीं, यह ज्ञात नहीं था। लेकिन एक दिन जब स्कूल के एक शिक्षक ने माता-पिता एवं परिवार को कहा कि आप अपने बच्चों को स्कूल भेजो, तब माता-पिता ने हाँ कर दी। उन्होंने कहा कि बच्चा तो अभी छोटा है, स्कूल में इसे क्या मिलेगा? हमें क्या फायदा होगा? शिक्षक ने माता-पिता को यह समझाया कि आपका बेटा पढ़- लिखकर बहुत बड़ा अफसर बनेगा, नौकरी करेगा, दरोगा बनेगा, इत्यादि। एक दिन जब मैं स्कूल पहुँचा तो पहले मुझसे सीधे हाथ से कान पकड़वाया, फिर उलटे हाथ से कान पकड़वाया। जब मैंने दोनों ओर से कान सिर के ऊपर से पकड़ लिया, तब शिक्षक ने मेरा नाम रजिस्टर में दर्ज कर लिया और कहा कि आपको रोज स्कूल आना है।

आपको स्कूल की तरफ से खाना, स्कूल ड्रेस, पुस्तकें—सब कुछ नि:शुल्क मिलेगा। आपको स्कूल में कोई पैसा या फीस नहीं देना है। इस प्रकार मुझे स्कूल से पहली कक्षा की पुस्तकें प्रदान की गईं। ड्रेस आने के बाद स्कूल ड्रेस में हाफ पैंट मिला।

खैर, स्कूल जाते ही प्रतिदिन मार पड़ने लगी। मुझसे तब सहन नहीं हुआ और मैं स्कूल छोड़कर मछली पकड़ने दिन-दिन-भर नदियों के किनारों पर जाने लगा। घर से बचकर निकल जाना और स्कूल से भी बच निकलना एक क्रम हो गया। बारिश के दिनों में यह ज्यादा हो जाता। नाम तो दाखिल हो गया लेकिन शुरुआत में कुछ भी समझ नहीं आता था। दिन में पट्टी-पूजा के नाम से विद्यालय में माँ सरस्वती की पूजा होती थी। उस पूजा में शामिल होने के लिए एक शिक्षक सभी बच्चों को पूजा-सामग्री में क्या लाना है, यह समझा रहे थे। तभी एक विद्यार्थी ने पूछा कि मास्साब, क्या लाना है? शिक्षक ने कहा कि पट्टी-पूजा में एक नारियल लाना है। फूल माला लाना है, फूल लाना है, अगरबत्ती लानी है, दीपक लाना है। हम सब गाँव के ठेठ देहाती बच्चे दीपक किसे कहते हैं, यह जानते ही नहीं थे, सो पूछ लिया कि मास्साब जी, ये दीपक क्या होता है? तब मास्साब ने बताया कि टौड़ी को दीपक कहा जाता है। तब जाकर पता चला कि दीपक मतलब टौड़ी, गोंडी बोली में कहा जाता है। फूलों में भी चयन करना होता था कि कौन-सा फूल लाना है। अकाब पलाडी का फूल, गुलाब का फूल, बेलपत्र, धूप घास इत्यादि का चयन कर पट्टी-पूजा में शामिल होते थे। दिन-भर लग जाते थे फूल ढूँढ़ने में। कहाँ अकाब का फूल मिलेगा? कैसा होता है? कैसा दिखता है? बेल पत्र क्या है? यह सब नहीं पता था। पूजन-पाठ होने के बाद प्रसाद वितरण होता। गाँव के सभी बच्चे, शिक्षक, ग्रामीणजन—सभी एक साथ एक

स्कूल में बड़ी धूमधाम से कार्यक्रम मनाते और माँ सरस्वती से प्रार्थना करते कि हमें जल्द-से-जल्द विद्या आ जाए।

अपनी शिक्षा के दौरान मैं उनको यह नहीं बता पाया कि मैं कहाँ, कैसे और किसके घर-परिवार में रहता हूँ। कभी उनको मौका नहीं मिला मेरे पास आने का, न ही मैं जिस घर-परिवार में रहता था, उस परिवार में उन्हें लेकर गया। माता-पिता, दोनों नहीं जानते थे कि मैं क्या कर रहा हूँ और क्या नहीं कर रहा हूँ। जब भी वर्ष भर में एक-दो बार घर जाता, उनसे मिल-जुलकर आ जाता। कोई विशेष पर्व या त्योहार है, तो एक दिन या अधिक से अधिक दो-तीन दिन घर में रुकना हो पाता था। मेरी कभी कोई शिकायत मेरे माता-पिता एवं परिवार तक नहीं पहुँचने पाई। मैंने उन्हें कभी निराश नहीं किया। बस, अपनी पढ़ाई पर ध्यान देता रहा और जिस परिवेश के अन्तर्गत, परिवार में रहता था, उस परिवार के घर के काम करता एवं अपने कॉलेज के समय कॉलेज जाया करता था। मैं अपने काम से काम रखता और किसी फालतू काम की ओर मेरा ध्यान नहीं जाता था। मैं पढ़ाई में बहुत होशियार तो नहीं था, फिर भी मैं अपनी पढ़ाई एवं साथ-साथ काम भी करता था। इस कारण से मैं पढ़ाई में पिछड़ गया, इसका मेरे परीक्षा-परिणाम पर गहरा असर पड़ा। किसी कक्षा में द्वितीय स्थान प्राप्त करना तो किसी कक्षा में तृतीय स्थान आना—बस, यही सिलसिला जारी रहा। छात्र जीवन में मैं एक बार फेल भी हुआ और एक बार सप्लीमेंट भी आया लेकिन मैंने कभी हार नहीं मानी और आगे बढ़ता गया। चूँकि जब मैं पाँचवीं कक्षा उत्तीर्ण हुआ तब लोगों ने कहा कि अब कक्षा आठ तक पढ़

लो, फिर आपकी नौकरी पक्की। मैंने कक्षा आठ तक की पढ़ाई पूरी की, फिर सोचा, अब नौकरी पक्की लेकिन परिवार में कोई पढ़ा-लिखा नहीं था जो मुझे मार्गदर्शन प्रदान करे। सब कुछ शिक्षकों के द्वारा कहा जाता रहा कि घर बैठकर क्या मिलेगा, अब और आगे की पढ़ाई करो, तब जाकर नौकरी मिलेगी। फिर मैंने सोचा, आठवीं कक्षा पास हूँ, नौकरी तो पक्की ही समझता था। फिर जब मेरे शिक्षक यह कहते कि आगे दसवीं कक्षा तक अच्छे स्कूल में प्रवेश ले लो जहाँ पर नौवीं और दसवीं तक की पढ़ाई पूरी करने के बाद पक्की है कि तुम्हारी नौकरी लग जावेगी। मैं बहुत उत्सुक था कि जब यहाँ तक पहुँच गया हूँ तो अब आगे की पढ़ाई के लिए स्कूल देखना चाहिए। पता चला कि पास के एक गाँव में स्कूल है लेकिन मेरे मित्र जो आठवीं में पास हुए थे, उनके माता-पिता नहीं चाहते थे कि उनकी सन्तानें ऐसे-वैसे स्कूल में प्रवेश करें। हम चाहते थे कि फलाने गाँव में सबसे अच्छा स्कूल है और वहाँ हमें प्रवेश लेना चाहिए। वह स्कूल करीब साठ-सत्तर किलोमीटर दूर, सूदूर अंचल में ग्राम राजाबरारी इस्टेट के नाम से जाना जाता है। आज भी वह संस्था है। पता चला कि यहाँ पढ़ा हुआ छात्र फालतू नहीं बैठा रहता है। तब हम सभी मित्रों ने मिलकर माता-पिता से चर्चा की और सबने राजाबरारी इस्टेट स्कूल में प्रवेश करने के बारे में सोचना शुरू किया। स्कूल के बारे में शिक्षकों ने जो जानकारी दी, वह बहुत ही रोचक थी। वहाँ पर पहले प्री प्रवेश परीक्षा होती थी एवं प्रथम श्रेणी के ही बच्चे वहाँ आवेदन कर सकते थे। सो हमारा सपना टूट गया। हमारे बीच में से केवल एक मित्र को ही वहाँ के स्कूल में प्रवेश मिल पाया और हम तीन मित्र उस स्कूल में प्रवेश नहीं ले पाए। आखिरकार फिर जो एक मित्र था, वह बहुत ही होनहार एवं होशियार था, उसके प्रथम स्थान पाने के

कारण उसका उस स्कूल में प्रवेश हो गया। उस मित्र का नाम है मुकेश कुमार इवने जो कि आज सिविल इंजीनियर है।

अब बचे हम तीन मित्र जिन्हें किसी-न-किसी स्कूल में प्रवेश लेना था। फिर हमने अपने-अपने पिता से कहा कि गाँव से लगभग दस-पन्द्रह किलोमीटर दूर चिचोली शहर पड़ता है। वहाँ के स्कूल में पता करो कि हमें प्रवेश मिल जाए। लेकिन वहाँ पता करने पर उस स्कूल ने भी मना कर दिया। उन्होंने कहा कि यहाँ सीट नहीं है और अपने बच्चों को गाँव के पास वाले स्कूल में प्रवेश दिलवा दो। वह स्कूल तुम्हारे गाँव के पास में है। गाँव के पास वाले स्कूल में हम लोग पढ़ना नहीं चाहते थे। और शहर वाले अच्छे स्कूलों में प्रवेश नहीं मिल रहा था। अब हमें चिचोली स्कूल में ही पढ़ना था, चाहे कुछ भी हो जाए। गाँव के पास वाला स्कूल भी इतना पास नहीं था कि वहाँ जाकर प्रवेश ले लें। वह स्कूल भी गाँव से लगभग दस से बारह किलोमीटर की दूरी पर था। जिस गाँव में वह स्कूल था, उस गाँव का नाम चूनाहजूरी था। वहाँ पर नौवीं-दसवीं की कक्षाएँ मात्र हुआ करती थीं। वह केवल हाईस्कूल ही था।

हमने मन बना लिया कि कुछ भी हो जाए, पढ़ना है तो चिचोली हायर सेकंडरी स्कूल में, नहीं तो नहीं पढ़ना है। स्कूल छोड़ देंगे। फिर क्या, माता-पिता परेशान हो गए क्योंकि चिचोली हाईस्कूल वालों ने भी मना कर दिया कि यहाँ प्रवेश नहीं हो सकता और आसपास और कोई अच्छा स्कूल नहीं है। अब क्या होगा? फिर एक दिन सभी मित्रों के पिताजी और हम सभी चिचोली स्कूल पहुँच गए और प्राचार्य के सामने बात रखी कि सर, हम कहाँ पढ़ने जाएँ? कृपा करके हमें अपने स्कूल में प्रवेश दिलवा दीजिए लेकिन वहाँ से एक ही जवाब मिला कि यहाँ पर जगह नहीं है। इन्हें कैसे

प्रवेश दे दें? फिर हमने प्राचार्य से सवाल किया कि ऐसा कोई रास्ता ही बता दीजिए जिससे हमारा भविष्य बच जाए। तब प्राचार्य महोदय ने धीरे से कहा कि कलेक्टर से लिखवाकर ले आओ कि हमें चिचोली स्कूल में पढ़ना है और चिचोली स्कूल में ही पढ़ेंगे। इस आशय का एक सामूहिक पत्र कलेक्टर महोदय से हस्ताक्षर कराकर लेकर आ जाओ, तभी आप सभी का प्रवेश हो सकेगा।

तब जाकर हम सभी मित्र मिलकर कलेक्टर महोदय के नाम एक पत्र तैयार किया। उस पत्र में हमारी सारी समस्याओं एवं घटनाओं का वर्णन था। सभी मित्रों के हस्ताक्षर एवं अपने-अपने पिताजी के हस्ताक्षर कराकर बैतूल जिला कलेक्टर महोदय के पास पत्र भेजा गया। अन्ततः ईश्वर के आशीर्वाद एवं कलेक्टर महोदय के आदेशानुसार हम तीनों मित्रों का प्रवेश चिचोली स्कूल में हो गया।

बारिश के मौसम में गाँव से निकलने के बाद दो नदियाँ पार करते हुए स्कूल पहुँचना होता था। दोनों नदियों में पुलिया नहीं थी। ज्यादा बारिश आ जाए तो नदी के तट पर बैठकर घंटों बाढ़ के उतर जाने का इन्तजार करना पड़ता कि कब बाढ़ का पानी कम हो या घट जाए, फिर स्कूल जाएँ। कभी गाँव की ओर जाते समय बाढ़ घेर लेती तो कभी स्कूल से लौटते समय बाढ़ का पानी रोक लेता। बारिश के मौसम में हमेशा परेशान होना पड़ता। समय से स्कूल न पहुँचो तो स्कूल की पिटाई अलग झेलनी पड़ती।

एक दिन ऐसा हुआ कि हम सभी मित्र स्कूल से घर लौट रहे थे, तभी तेज बारिश होने से दोनों नदियों में भयंकर बाढ़ आ गई। अब क्या करें? शाम का समय था, रात होने की कगार पर थी। घर भी पहुँचना था। घर वालों को भी चिन्ता होती थी कि ऐसी बारिश में बच्चे दो-दो नदियाँ

पार कर स्कूल जाते हैं। सो उन्हें चिन्तित होना स्वाभाविक ही था। सभी ने आपस में पूछा कि किस-किस को तैरना आता है? सबने कहा, 'सब को तैरना आता है'। तीनों मित्र बाढ़ से उफनाई नदी में उतरने लगे। संयोग से मैं पीछे था और मैं भी नदी पार करने लगा। तभी नदी के तेज बहाव ने मुझे अपने आगोश में ले लिया। मैं तेज लहरों में फँस गया। मेरे मित्र सभी नदी पार कर चुके थे और मैं आखिर में नदी की बाढ़ में फँसकर रह गया। मुझे नदी की तेज लहरों ने डुबोना शुरू कर दिया और मैंने तैरना। काफी दूर तक नदी के तेज बहाव में बहते हुए चला गया। बचानेवाला कोई नहीं लेकिन हिम्मत नहीं हारी। हौसला बुलन्द रखा। नदी का बहाव मुझे जहाँ तक लेकर जाएगा, जाऊँगा लेकिन नदी पार कर लूँगा। यह विचार मन में बार-बार आ रहे थे और मेरे मित्र चाहकर भी मुझे नहीं बचा पा रहे थे। नदी के किनारे कुछ पेड़-पौधे थे, उनको पकड़ लिया और धीरे-धीरे माँ-पिता एवं भगवान का नाम लेकर नदी के तेज बहाव से निकलकर नदी पार कर मित्रों के पास पहुँच गया।

हाईस्कूल की परीक्षा उत्तीर्ण होने के बाद मेरा मन फिर बदल गया। 'अब बहुत हो गई पढ़ाई-लिखाई, अब पढ़कर क्या करना? अब तो नौकरी पक्की लग ही गई समझो।' मेरे शिक्षकों ने यही पाठ पढ़ाया था कि इसके बाद नौकरी पक्की। इसके बाद नौकरी पक्की तो बार-बार कोई शब्द कान में गूँजने लगा—'अब बस कर, अब तो नौकरी पक्की है।' लेकिन जीवन में फिर एक नया मोड़ आया। चिचोली स्कूल में पढ़ानेवाले मेरे शिक्षकों ने भी यही ज्ञान देना शुरू कर दिया कि 'आगे की पढ़ाई और कर लो तो नौकरी

पक्की। बस, दो क्लास तो पढ़ना है और यूँ ही निकल जाएँगे दो वर्ष। ऐसा करो, ग्यारहवीं में प्रवेश ले लो।' किस्मत से मेरे सभी मित्रों में मुकेश कुमार उइके, पंचम सिंह कवड़े, प्रीम सिंह वाड़िवा एवं सुनील कुमार काकोड़िया ने कक्षा दस की परीक्षा पास कर ली और कक्षा ग्यारह में प्रवेश ले लिया। दो वर्ष और पढ़ना था। अब क्या करें, पढ़ लेते हैं। भगवान को और कुछ ही मंजूर था। बारहवीं तक की पढ़ाई चिचोली स्कूल से पूरी करने के बाद मैंने सोचा कि अब पढ़ाई से छुटकारा मिल गया लेकिन यहाँ आकर गाड़ी फिर से रुकने की बजाय चल पड़ी। चिचोली स्कूल के मेरे शिक्षकों ने कहा कि 'बेटा, पढ़ाई का कोई अन्त नहीं है। आपकी जितनी उम्र होगी, पढ़ाई उतनी ही आगे। नौकरी का क्या है, नौकरी तो बड़ी आसानी से मिल जाती है। आप मेहनत करते जाओ, फल की चिन्ता मत करो। आगे बढ़ो। आदिवासी समाज में वैसे भी बहुत कम लोग पूरी पढ़ाई या आगे की पढ़ाई कर पाते हैं। तुम तो होनहार हो, तुम्हें तो पढ़ना चाहिए।' उनके मार्गदर्शन ने मेरी आँखों को खोल दिया। उन्होंने पूरा भरोसा दिया कि 'हर मोड़ पर हम आपके साथ खड़े हैं। किसी भी चीज की आवश्यकता हो, आप हमसे कहें, हम पूरी करेंगे।'

कभी भी यह कल्पना नहीं की थी कि एक दिन गाँव में, विकास खंड में और पूरे जिले में पी-एच.डी. (डॉक्टर ऑफ फिलॉसफी) की उपाधि मुझे प्राप्त होगी। मैं तो केवल कक्षा आठ, फिर दसवीं तक और उसके बाद किसी तरह से बारहवीं तक ही पढ़ाई के बारे में सोच रहा था। भविष्य के बारे में सोचता हूँ तो आश्चर्य होता है कि मैंने यह सब कैसे कर लिया? समाज कार्य में स्नातकोत्तर और बाद में पी-एच.डी. तक की शिक्षा ने परिवार एवं समाज में अपनी एक अलग पहचान बनाने में मदद दी। मुझे और मेरे परिवार तथा

समाज को मुझ पर गर्व महसूस हुआ कि आज गरीब घर का एक लड़का कितनी तरक्की कर चुका है।

एक परिवार ऐसा भी है जिसका मेरे परिवार से सम्बन्ध है। चचेरी बहन गीता बाई उइके एवं जीजा श्री चैन सिंह के दो बच्चे हैं। उन्होंने कक्षा पहली से ले करके आज बारहवीं तक की पढ़ाई-लिखाई में अहम् योगदान दिया है। आज उनका बेटा अनिल उइके एवं एक बेटी सुखमनी उइके दो सन्तानें हैं। दोनों बच्चों ने शुरू में अंग्रेजी माध्यम स्कूल में पढ़ाई की। उसके बाद दोनों को सरकारी स्कूल में प्रवेश दिला दिया गया। आज वे दोनों मेरे मार्गदर्शन में अच्छा काम कर रहे हैं। और अपने गाँव-समाज एवं माता-पिता का नाम रौशन कर रहे हैं।

मेरे परिवार से आशय मैं, मेरी पत्नी श्रीमती अर्चना इवने एवं हमारी प्यारी-सी बेटी दक्षिता इवने से है जो अभी दो वर्ष की है। बेटी एवं मेरी पत्नी, हम भोपाल में रहते हैं और गाँव में माँ, भाई बलीराम एवं उनका परिवार रहता है। मेरी पत्नी का मायका बैतूल जिले के सारणी पाथाखेड़ा में पड़ता है। मेरे ससुर श्री वंशीलाल जी प्रधान एवं सास श्रीमती गायत्री प्रधान तथा तीन साले हैं—श्री ललित प्रधान, श्री अमित प्रधान, श्री अनिल प्रधान एवं भाभीजी हैं। ससुरजी पॉवर हाउस में कार्यरत थे एवं बड़े भाई लेखपाल के पद पर कार्यरत हैं तथा दो छोटे भाई प्राइवेट क्षेत्र में आर्थिक जीविकोपार्जन हेतु कार्य करते हैं। माता-पिता, सास-ससुरजी सारणी में रहते हैं एवं बड़े भाई खंडवा में हैं। दो भाई भोपाल में निवासरत हैं। परिवार का इस तरह से सम्बन्ध जुड़ा हुआ है।

मेरी पत्नी की शिक्षा स्नातकोत्तर तक हुई है। उन्होंने समाजशास्त्र में एम.ए. किया हुआ है। साथ में बी.एड., डी.एड. और पी.जी.डी.सी.ए. की

पढ़ाई की है। वर्तमान में वह गृहिणी के रूप में मेरा सहयोग एवं सहायता करती हैं। वे बड़ी ही मेहनत के साथ प्रतियोगी परीक्षाओं की तैयारी में भी लगी हुई हैं। भाग्य में लिखा हुआ कहा नहीं जाता, एक न एक दिन वह भी अपने पैरों पर खड़ी होकर मुझ पर आश्रित नहीं रहेंगी। भगवान उनकी भी मनोकामना अवश्य पूरी करेंगे। मैं भी उनको प्रतियोगी परीक्षाओं एवं अन्य स्थानों पर निकलनेवाली नौकरियों में आवेदन करने हेतु प्रेरित करता हूँ।

मुझे भी शासकीय नौकरी के रूप में माखनलाल चतुर्वेदी राष्ट्रीय पत्रकारिता विश्वविद्यालय, भोपाल में सहायक ग्रेड-3 (बाबू की नौकरी) सन् 2015 में मिल गई थी। उसी से मेरे परिवार का पालन होता है। अभी भी मेरी प्रतियोगी परीक्षाओं की तैयारी जारी है। बहुत जल्द ही किसी अच्छे पद पर शोभायमान हो जाऊँगा। अभी तो जितना है, उसमें बहुत खुश हूँ तथा आगे बढ़ने की भरपूर कोशिश जारी है।

परिषद् में आने से पहले

मेरी एन.एस.एस., एन.सी.सी. और स्काउट गाइड में स्कूल के समय से ही रुचि थी और मैं स्कूल में शिक्षा ग्रहण करते हुए सभी सामाजिक कार्यों में भी सहभाग करता रहा था। एन.एस.एस. के कार्यों में मेरी रुचि थी और एन.एस.एस. के माध्यम से मैंने बहुत कुछ सीखा। स्कूल में एक दिवसीय एवं दस दिवसीय शिविरों में सहभागिता करते हुए राज्यस्तरीय शिविर में सहभागिता करने का अवसर मिला। जब मैंने कॉलेज में प्रवेश लिया तब एन.एस.एस. के उस समय के सम्बन्धों से मुझे बहुत मदद मिली। सबसे पहले मैंने एन.एस.एस. में प्रवेश लिया एवं उसमें मेरे हायर

सेकेंडरी स्कूल के शिक्षकों का बड़ा योगदान था। मुझे बैतूल जिले के सबसे बड़े महाविद्यालय जयवंती हक्सर महाविद्यालय, बैतूल में प्रवेश मिल गया था। यह जिले के सभी महाविद्यालयों का केन्द्र भी हुआ करता था और आज भी है।

बैतूल में मेरे रहने का कोई ठिकाना न था। प्रवेश हो चुका था। अब कैसे आगे की पढ़ाई होगी? बड़ी चिन्ता होने लगी। मैंने कुछ समय तक छात्रावास में अपना समय बिताया, फिर एक दिन मेरे मार्गदर्शक श्री जयसिंह तोमर, प्राचार्य, श्री धर्मेन्द्र कुमार शर्मा, व्याख्याता एवं विकास खंड शिक्षा अधिकारी चिचोली के मार्गदर्शन एवं प्रेरणा से मैं छात्रावास छोड़कर उनके निवास में रहने लगा। मेरी कॉलेज की शिक्षा उनके आश्रय में रहते हुए पूरी हुई। मैं उनके घर का काम करता एवं अपनी पढ़ाई-लिखाई करता रहा। उस समय का एक और किस्सा याद आता है, जब मैं एक व्यावसायिक परिवार में कुछ महीने के लिए गया। वहाँ पर घर के सारे काम करता। घर में खाना बनाना, बर्तन माँजना, झाड़ू-पोंछा लगाना, कपड़े धोना और दुकान में जाकर दुकान का काम देखना—यह मेरा काम था। यह बैतूल की बातें हैं। वहाँ जिनके पास रहता था, वह बारंगे परिवार था।

चूँकि मैं बैतूल से भागकर भोपाल पहुँचा था सो मेरी पहली से लेकर नवीं कक्षा तक के सभी आवश्यक दस्तावेज, किताबें, कपड़े आदि बैतूल के उस बारंगे परिवार के पास ही रह गए थे। एक साल बाद जब मैं वापस बारंगे परिवार के पास पहुँचा तो उन्होंने बताया कि उन्होंने तो मेरा सारा सामान जला दिया है। वहाँ पर कुछ नहीं मिला। बारंगे परिवार के सभी सदस्य मुझसे रूठ गए थे क्योंकि मैं उनको बताकर नहीं आया था। जब मैं और मेरी

माँ बारंगे परिवार से मिलने उनके घर पहुँचे तब आदरणीय अखिलेश बारंगे भाई साहब ने मुझे मेरी माँ के सामने तीन-चार थप्पड़ मारे और धक्का देकर घर से निकाल दिया। उनके माता-पिता को अन्दर आवाज सुनाई दी कि बाहर कुछ हुआ है, तो वे बाहर आए, और अपने बेटे को समझाया। उनके समझाने पर वह चुपचाप अपने कमरे में चले गए और फिर उनके पिताजी ने हमसे पूछा कि अब क्यों आए हो? मैंने अपना सारा हाल सुनाया कि आगे की पढ़ाई के लिए भोपाल जा चुका हूँ और मैं अब आगे की पढ़ाई भोपाल में रहकर ही पूरी करूँगा। यह सुनते ही वे बहुत खुश हुए और उन्होंने घर के भीतर बुलाकर चाय-नाश्ता, भोजन के बारे में पूछा लेकिन मेरी माँ उनके बेटे के द्वारा थप्पड़ मारने के कारण बहुत दुखी थीं और वह रोने लगीं। मैं भी उनके माता-पिता के सामने रोने लगा। मुझे और मेरी माँ को समझाया कि कलीराम को ऐसा नहीं करना था। वह भैया को या हमको, परिवार में किसी भी सदस्य को बताकर जाता कि मैं अब आगे की पढ़ाई करने भोपाल जा रहा हूँ। बस, इतना बता देता तो शायद भैया को गुस्सा नहीं आता। भैया के व्यवसाय का सारा काम, घर का सारा काम, कलीराम के भरोसे था और अचानक किसी को बिना बताए चला गया तो भैया (अखिलेश बारंगे) को बुरा लगा। अब आप लोग कुछ खाना-पीना खा लीजिए।

मेरे गाँव से बैतूल की दूरी लगभग पचास-साठ किलोमीटर की है सो माँ और मैं सुबह ही घर से बिना कुछ खाए-पिए निकले थे और बैतूल बस स्टॉप पर केवल समोसे और एक-एक कप चाय पी थी। सो भूख भी लग रही थी लेकिन उनके बेटे के द्वारा थप्पड़ मारने के कारण हम दोनों की भूख-प्यास मिट गई। हम वापस अपने गाँव हरदू पहुँच गए। यह जो घटना घटित हुई, वह बहुत ही पीड़ादायक थी। वहाँ कुछ भी सामान नहीं

था, सब कुछ जल चुका था, सो क्या मिलता? बिना सामान लिये माता-पिता को प्रणाम किया और उनका आशीर्वाद लेकर वहाँ से चले आए।

घर पहुँचकर माँ ने बैतूल में मेरे साथ हुई मारपीट की घटना को पूरे परिवार और समाज में रो-रोकर बताना शुरू कर दिया कि 'मेरे लड़के के साथ आज ऐसा हुआ जिसे मैंने अपने जीवन में कभी भी नहीं देखा था। मैं समझाता रहा लेकिन वह मान नहीं रही थीं। मैं कहता रहा कि यह सब जीवन में छोटी-मोटी घटनाएँ तो घटती रहती हैं, जो हुआ सो हुआ, उसे भूल जाओ लेकिन आज भी वह इस घटना को नहीं भूली हैं। जब उसकी याद आती है तो वह बोलने लग जाती हैं। इस प्रकार से जीवन में पहली बार मेरी माँ के सामने यह वाकया हुआ था। भैया का वह थप्पड़ आज भी मुझे और मेरी माँ को याद है। उन्होंने कहा था कि 'आज मेरे बेटे के साथ मैं न होती तो और क्या-क्या होता!' वह थीं सो मैं दो-चार थप्पड़ खाकर लौट गया। माता तो माता होती है, उन्हें बहुत पीड़ा हुई यह सब देखकर, पर क्या कर सकते थे? हम चाहकर भी कुछ नहीं कर पाए लेकिन एक बात तो हमेशा मेरे ध्यान में रहती है कि शायद यहाँ तक का सफर तय करने में उन दो-चार थप्पड़ों की भूमिका थी। उस समय की बात को ध्यान करता हूँ तो मैं और मेरी माँ बहुत दुखी हो जाते हैं।

विद्यार्थी परिषद् से सम्पर्क

एक दिन परिषद् के कार्यकर्ता कक्षा में सदस्यता अभियान के तहत आए और उन्होंने कहा कि सभी लोगों को ए.बी.वी.पी. की सदस्यता लेनी है। स्कूल से ही मैं सक्रिय कार्यकर्ता था तो मैंने भी परिषद् की सदस्यता तात्कालिक

जिला संगठन मंत्री के माध्यम से ले ली। मैं परिषद् के सम्पर्क में आ गया। जब भी परिषद् का नाम सुनता, मन में खुशी होती थी। एक-दो कार्यक्रमों में शामिल हुआ फिर परिषद् के प्रमुख कार्यकर्ता श्री आदित्य बबला शुक्ला, श्री अतीत पवार एवं विभाग संगठन मंत्री आदरणीय श्री मुकेश त्यागी जी से सम्पर्क हुआ। त्यागी जी से सम्पर्क होने के बाद लगा कि मेरा कुछ भला और अच्छा होनेवाला है। मैं परिषद् को नहीं छोड़ना चाहता था। जैसे-जैसे समय निकलता गया, मन में और खुशी के अंकुर फूटते चले गए कि कुछ तो मिलेगा। यही सोचकर मैं सामान्य कार्यकर्ता के नाते कार्य करता रहता और एन.एस.एस. और एन.सी.सी. जैसी विंग से भी जुड़कर काम करता हुआ बी. कॉम तक की शिक्षा पूरी की। अन्तिम वर्ष में संयोग से मेरा सम्पर्क एन.एस.एस. के ऑफिस में दुबारा से त्यागी जी से हुआ। एन.एस.एस. के जिला संघटक आदरणीय प्रो. डॉ. महेन्द्र गिरि जी एवं मुकेश त्यागी जी भाई साहब के बीच कुछ बात हुई और श्री त्यागी जी ने मुझे आश्वस्त किया कि चिन्ता नहीं करना, शिक्षा पर ध्यान दो और मन लगाकर पढ़ाई करते रहो। अन्तिम वर्ष की परीक्षा उत्तीर्ण करने के बाद मिलो। आदरणीय गिरि सर के मार्गदर्शन एवं सहयोग से मैं एन.एस.एस. कार्यालय के कार्य एवं उनका निजी कार्य देखता था। दस दिवसीय शिविर आयोजित होता था। डॉ. गिरि सर एवं कार्यक्रम अधिकारी प्रो. जी.आर. राने सर के मार्गदर्शन में शिविर संचालित करता। जब मुकेश जी एवं गिरि सर जी से भेंट होती, वह मेरे बारे में जरूर खबर रखते थे और आदरणीय गिरि सर भी मेरा बहुत खयाल रखते थे। एन.एस.एस. में रहते हुए कुछ मित्र भी बने जिन्होंने विशेष रूप से सहयोग एवं सहायता की। मैं उनको भी नहीं भूल सकता जिन्होंने मुझे आगे बढ़ाने में महत्त्वपूर्ण भूमिका निभाई। श्री इबरार कुरैशी, श्री संतोष पवार, श्री पवन

यादव, श्री पवन साहू, सुश्री कंचन चौरसिया, सुश्री गायत्री चौरसिया इत्यादि मित्रों ने मुझे मार्गदर्शन दिया। जब स्नातक का परीक्षा परिणाम आया और मैं उत्तीर्ण हो गया, उस समय गिरि सर राज्य सम्पर्क अधिकारी के पद पर भोपाल में पदस्थ हो गए थे और उनका निवास भी वहीं था। गिरि सर को सारी बातें बताने के बाद उन्होंने मुझे अपने घर पर ही रख लिया। रहने एवं खाने-पीने की व्यवस्था कराई। लगभग छह माह बीत जाने के बाद आदरणीय श्री मुकेश त्यागी जी का आगमन श्री गिरि सर के घर पर हुआ और उन्होंने मुझे वहाँ देखा। वे बोले, 'तू यहाँ कैसे?' तब मैं भाई साहब के लिए पानी एवं चाय लेकर आया था देने के लिए। उन्होंने मुझे अपने कार्यालय पर आने को कहा। उनका कार्यालय इमामी गेट हमीदिया हॉस्पिटल के पास था। गिरि सर के यहाँ तीन से छह महीने तक रहा। फिर उनकी पत्नी ने मुझसे कहा कि 'अब तुम अपना ठिकाना ढूँढ़ लो। हमने आपका सारा काम कर दिया है। आप अपने किसी दोस्त के साथ जाकर रहो या फिर कोई किराये का कमरा लेकर रहो।' यह बात मेरे दिल को चुभ गई कि देखो, मैं इतना सारा घर का काम करता हूँ, फिर भी मुझसे इन्हें तकलीफ होने लगी। लेकिन वह साफ-साफ नहीं कह पा रही थीं सो मैंने यह बात गिरि सर से कही कि सर, मैडमजी ने यह कहा है। आप कहते हो तो मैं चला जाता हूँ। सर ने मुझे ढाँढ़स बँधाते हुए कहा, 'अरे, ठीक है। तुम मैडम की बातों में आ गए हो। घर की औरतें तो होती ही हैं ऐसी। चिन्ता मत करो, मैं तुम्हें किसी मंत्री के यहाँ रखवा दूँगा। नहीं तो मुकेश जी भाई साहब से कहकर परिषद् कार्यालय में रखवा देंगे।' इस प्रकार उन्होंने मुझे समझाते हुए कहा।

फिर भी मुझे मैडम की बात खटकने लगती थी। फिर मैंने एक दिन घर छोड़ दिया और अपने गाँव के पास के श्रवण कुमार उइके के पास

चला आया। वे भोपाल में ही बरकतउल्लाह विश्वविद्यालय में नौकरी करते थे। मैंने उनसे अपनी व्यथा सुनाई। 'बताइए, आपके कमरे पर कुछ दिन रह सकता हूँ? इसके बाद मैं अपना किराये का रूम लेकर रह लूँगा।' वह तैयार हो गए। मैं उनके कमरे पर चला गया। इसी के साथ दूसरी जगह पर कमरे की तलाश भी जारी रखी। फिर एक दिन मुझे एक कमरा मिल गया और वह भाई भी अपना कमरा छोड़कर मेरे साथ रहने लगा। अब हम दोनों सुबह अपने-अपने कार्य के लिए निकल जाते। वह ऑफिस चला जाता था और मैं कॉलेज के लिए निकल जाता था। वह दौर आज भी याद आता है कि मैंने कैसे-कैसे दिन गुजारे हैं। मेरे पास पैसे नहीं थे। जमीन बेचकर सारा पैसा फीस के लिए जमा कर दिया था। तो अब मेरे पास कॉलेज जाने-आने के लिए बस किराया के लिए भी पैसे नहीं थे। मैं रोज एक बहुत लम्बी दूरी तय करके पैदल ही स्कूल जाता। और मेरे पास थोड़े-बहुत जो हजार-पाँच सौ रुपये थे, उनसे केवल खाना खाने के नाम पर मात्र दो रुपये का सेव और एक बार नुकती खा लिया करता था। जैसे-तैसे समय बीता। फिर एक दिन गिरि सर से बरकतउल्लाह विश्वविद्यालय में मुलाकात हुई। मैं किसी काम से विश्वविद्यालय गया हुआ था। गिरि सर ने मुझसे कहा कि 'अब तुम कहीं नहीं रहोगे, मेरे घर चलना होगा और मेरे साथ बरकतउल्लाह विश्वविद्यालय के ऑफिस में काम करना होगा।' मैं उनके साथ गाड़ी में बैठकर उनके घर पहुँच गया। उन्होंने पूछा, कहाँ रह रहे हो? खाना-पीने का क्या है? मैं बहुत रोया उस दिन कि भगवान ने फिर मुझे मार्ग दिखाना प्रारम्भ कर दिया। यह सोचकर फिर मन को शान्त करते हुए अपने-आपको समझाया और फिर मैं लगभग वही कार्य करने लगा जो मैं पूर्व में किया करता था। कॉलेज मैं पैदल ही जाता रहा। मुझे किसी बात की चिन्ता नहीं होती थी—बस, पढ़ाई

पूरी करनी थी। फिर एक दिन ऐसा चमत्कार हुआ कि अचानक आदरणीय भाई साहब और मुकेश जी त्यागी रात लगभग आठ-नौ बजे के आसपास सर के साथ घर आए। उन्होंने सर से कहा कि मैं कलीराम को लेकर जाना चाहता हूँ। कलीराम को आप हमें दे दीजिए। अब आज से कलीराम मेरे साथ परिषद् कार्यालय में रहेगा और आगे की पढ़ाई भी वहीं से करेगा। पहले तो मुझे यह मजाक लगा। गिरि सर और मैडम ने कहा, 'नहीं भाई साहब, हम कली को नहीं दे सकते हैं। वह हमारा बेटा है। हमारे घर का सदस्य है। उसे हम आपको नहीं दे सकते। आप अपने कार्यालय के लिए दूसरा लड़का लेकर आओ। हम कली को नहीं भेजेंगे।'

मुझे समझ नहीं आ रहा था कि अब मेरा क्या होनेवाला है। फिर मुझे बुलाकर पूछा गया कि 'क्यों कली, भाई साहब के साथ कार्यालय में रहने जाओगे?' हमने कहा, 'आप लोग जो निर्णय लेंगे, मैं उस पर तैयार हूँ। आप लोग जो कहेंगे, मैं वही मानूँगा।' फिर भाई साहब जी ने कहा, 'चलो, तैयार हो जाओ, चलते हैं कार्यालय।' तब मैं रोने लगा कि एक बार फिर मेरा स्थान कहीं और बननेवाला है। मुझे सभी ने समझाया कि 'रो क्यों रहा है? तेरा भाग्य अब बदलनेवाला है। तुम ऐसी जगह जा रहे हो जहाँ पर तुम्हें कोई चिन्ता करने की आवश्यकता नहीं होगी।' इस तरह से जब मैंने अपना बैग उठाया और जाने लगा, तो मेरी आँखों में आँसू आ गए। मैंने गिरि सर एवं मैडमजी को माँ-बाप की तरह मानता था और मैडम को मम्मी कहकर बात करता था। मैडम ने गले लगा लिया और समझाया, 'ये तेरा भी घर है। कभी भी कोई परेशानी या मुसीबत हो तो तुरन्त चले आना। आधी रात में भी दरवाजे तेरे लिए खुले हैं। तेरा भाग्य बदल रहा है, चुप हो जा और भाई साहब के साथ प्रेम से जाओ, कोई बहुत दूर थोड़े न जा रहा है, जो इतना

रो रहा है।' मैंने उन्हें प्रणाम किया, सर को प्रणाम किया और भाई साहब के साथ कार में बैठकर परिषद् के कार्यालय पहुँच गया।

भाई साहब के अलावा वहाँ पर और भी कई भाई साहब लोग रहते थे। सबने मुझे देखा और पूछा कि कहाँ रहते हो? क्या नाम है? क्या करते हो? प्रथम दिन बीता। सब लोग अपने-अपने काम से निकल गए। मैं बचा और कार्यालय में कार्यालय मंत्री श्री दीपेन्द्र पाल जी भाई साहब थे। रात में परिचय हुआ। 'पहले कभी परिषद् में काम किये हो?' जैसे प्रश्न किये गए और मेरी अन्य रुचियों के बारे में पूछा। उन्होंने कहा कि 'यहाँ कायार्लय में रहो और खाना बनाना है और खुद भी खाना और सभी को खाना बनाकर खिलाना। उसके बाद कॉलेज जाना।' इस तरह से मुझे दो-चार दिन प्रशिक्षण के तौर पर सभी के समक्ष सबको समझने का अवसर मिला और मैं कार्यालय में खाना बनाता, सबको खिलाता एवं खुद भी खाना खाकर कॉलेज जाता। यह मेरी दिनचर्या थी। परिषद् कार्यालय से भी मैं ईमामी गेट हमीदिया अस्पताल के पास से त्रिलंगा कॉलेज तक पैदल कॉलेज जाया करता था। कुछ समय बीता—एक-दो माह का, फिर भाई साहब लोगों से एक-एक करके मेरा परिचय हुआ। सभी भाई साहब जी को उनके नाम से नहीं जानता था। परिषद् कार्यालय में श्री विष्णुदत्त (वी.डी. शर्मा) जी भाई साहब, श्री सुरेन्द्र शर्मा जी भाई साहब, श्री मुकेश त्यागी जी भाई साहब, श्री विजय अठवाल जी भाई साहब, श्री घनश्याम चन्द्रवंशी जी भाई साहब, श्री चौधमल धाकड़ जी भाई साहब जी, विमल तोमर जी भाई साहब का कार्यालय में निवास था। इन सबके मार्गदर्शन एवं प्रेरणा से मैंने एम.ए. समाज-कार्य की पढ़ाई

पूरी की। एक दिन श्री मुकेश जी भाई साहब का कार्यालय से किसी अन्य शहर के कार्यालय में परिवर्तन हो गया। फिर जब मुझे पता चला कि जिस भले व्यक्ति ने मुझे यहाँ लाकर छोड़ दिया और खुद यहाँ से कहीं और जा रहे हैं तो मैं कमरे में जाकर रोने लगा। सभी ने समझाया परन्तु मन बहुत उदास एवं भावुक था। रोना बन्द नहीं हो रहा था। सभी ने समझाया कि भाई साहब फिर वापस आ जाएँगे। क्या रोता है! हम सब लोग हैं। तुम्हारी चिन्ता करेंगे। परन्तु मुझे किसी पर विश्वास नहीं हो रहा था कि अब मेरा ध्यान रखनेवाला कौन होगा? मन बहुत ही नाजुक बनता जा रहा था। खाना बनाता तो रोना, कुछ याद आ जाए तो रोना, बड़ा बुरा हाल हो गया था। वह अन्तिम दिन आ ही गया जब उनको कार्यालय छोड़ना था तो बोले कि 'अब आपको जो भी परेशानी या समस्या होगी, वह मेरे स्थान पर आदरणीय श्री वी.डी. भाई साहब से सीधे कह देना। भाई साहब कभी मना नहीं करेंगे। आज से वी.डी. भाई साहब को ही आपको सुनना और उनके मार्गदर्शन में काम करना है।' बस, उस दिन से मैंने सोच लिया कि अब मेरे माँ-बाप वी.डी. भाई साहब ही हैं। आगे मुझे कुछ नहीं सोचना। मन को समझाया और अपने कार्य में जुट गया। धीरे-धीरे भाई साहब से मेरी पक्की वाली बातें होने लगीं।

मैं इतने समय तक भोपाल के कार्यालय में और अन्य जगहों पर रहा लेकिन कभी अपने माता-पिता को नहीं बताया कि मैं क्या कर रहा हूँ और क्या नहीं कर रहा हूँ। मेरे माता-पिता को कुछ पता नहीं था कि लड़का भोपाल में क्या कर रहा है। बस, कह देता, सब अच्छा है।

वर्ष 2007 में मैं इमामीगेट आया। वहाँ परिषद् के नये कार्यालय का निर्माण हो रहा था। मुझे उस कार्यालय की जिम्मेदारी भी दी गई कि तुम

कॉलेज भी जाओगे, पढ़ाई भी करोगे और खाना भी बनाना है और नये कार्यालय के निर्माण कार्य भी देखना है। निर्माण कार्य को ठेकेदार के भरोसे नहीं छोड़ा जा सकता था सो मैं सारे काम करते हुए कार्यालय निर्माण के भी काम देखता था। ठेकेदार का एक मुंशी हुआ करते थे जिनका नाम श्री कुंजीलाल सूर्यवंशी था। वह भी मेरे ही क्षेत्र बैतूल के थे परन्तु ईमानदारी एवं वफादारी में श्री सूर्यवंशी जी बहुत अच्छे व्यक्ति थे। उनसे मित्रता हो गई। मैं हमेशा उनसे कहता कि कोई भी चालाकी नहीं होगी। मैं जैसा कहूँ, वैसा करना है, नहीं तो भाई साहब को तुम्हारे बारे में शिकायत करूँगा। हमारे बीच में मजाकिया और कभी-कभी असलियत भी बयाँ करनेवाली बातें होतीं। तो इस नये कार्यालय के निर्माण में मेरा भी योगदान था। वहाँ की हर वस्तु, पूरा रसोई घर का सामान, कार्यालय की शोभा बढ़ानेवाली वस्तुएँ मेरे द्वारा पसन्द की गई थीं। कार्यालय के उद्‌घाटन के पश्चात् वहाँ निवास करनेवाले भाई साहब लोग और गरीब विद्यार्थियों का भी वहाँ पर रहना हुआ। छोटेलाल राणा, फूलचन्द राणा—ये दोनों छात्र उत्तर प्रदेश के गोंडा जिले के बलरामपुर से यहाँ पढ़ाई करने आए थे। रोनित दहाल मणिपुर से, सत्यम गुप्ता जिला सिंगरौली, मध्य प्रदेश से थे। दीपक बघेल, और भी छात्र कार्यालय में निवास करते एवं पढ़ाई करते।

नये कार्यालय में भी मैं भोजन बनाने का काम करता था। नये कार्यालय में पन्द्रह लोग कम-से-कम एक बार में भोजन करते थे। सबका खाना मैं अकेला बनाता। कभी-कभी तो थक भी जाता था कि कितना काम किया जाए। अधिवेशनों के समय तो और समस्या होती थी कि इतने लोगों का खाना बनाना है और रेलवे स्टेशन पर उन्हें देकर आना है। फटाफट खाना तैयार कर रेलवे स्टेशन पहुँच जाता था। उन्हें भोजन देना, फिर वापस कार्यालय

के और अपने काम में लग जाना—यही सिलसिला पूरे समय चलता रहता था। दिन में पाँच से दस बार चाय बनाओ। भाई साहब लोगों से बहुत लोग मिलने आते-जाते रहते थे। नया कार्यालय था तो परिषद् से जुड़ा हुआ हर कार्यकर्ता कार्यालय देखने आता था। मेरा तो मन खुशी से भर जाता था। कभी-कभी तो मैं काम में इतना व्यस्त हो जाता कि खाने-पीने का ध्यान ही नहीं रह जाता। बस—सेवा, सेवा, सेवा। रात तक काम खत्म नहीं होता था। रात के दो बज जाते। मुझे अगले दिन की भी तैयारी करनी होती। मैं सुबह चार बजे उठ जाता था। कुछ माह बाद एक रसोइए का इन्तजाम हुआ। फिर उसके साथ मिलकर खाना बनाते, किराना लेने जाते। सब्जी-भाजी लेने जाते। सब कुछ मुझको ही करना था। इसके बाद फिर कभी पीछे मुड़कर नहीं देखा। कारवाँ आगे बढ़ता गया।

इतने सारे कार्यकर्ताओं के दिल में राज करने लगा कि मेरी खुशी का ठिकाना नहीं रहता। मैं उनमें से कुछ चुनिन्दा कार्यकर्ताओं और पदाधिकारियों का नाम लेना चाहता हूँ जो मुझे आज भी मदद एवं मार्गदर्शन देते रहते हैं। ऐसे आदर्श प्रमुख कार्यकर्ताओं एवं पदाधिकारियों में आदरणीय श्री सुनील आम्बेकर जी, आदरणीय श्री प्रफुल आकान्त जी, आदरणीय श्री रघुनन्दन जी, आदरणीय डॉ. उमेशचन्द्र शर्मा जी, आदरणीय श्री शशिरंजन अकेला जी, आदरणीय श्री पुष्पेन्द्र कौरव जी, आदरणीय श्री अंकुर त्रिवेदी जी, आदरणीय श्री विशाल राजोरिया जी, आदरणीय श्री अमित साहू जी, आदरणीय श्री अभिलाष पांडे जी, आदरणीय डॉ. अनवर पटेल जी, आदरणीय श्री गौरव तिवारी जी, आदरणीय डॉ. ध्रुव कुमार दीक्षित जी, आदरणीय डॉ. विश्वास कुमार चौहान जी, आदरणीय डॉ. सुनन्दा रघुवंशी (ताई जी), आदरणीय डॉ. भारती कुम्भारे (दीदी), आदरणीय

सुश्री मंजू कुशवाह (दीदी), आदरणीय डॉ. नीतेश शर्मा जी, आदरणीय श्री किशन सूर्यवंशी जी, आदरणीय श्री रामकृष्ण उइके जी, आदरणीय डॉ. सुनील कुमार काकोड़िया जी, आदरणीय डॉ. गोलमन आहके जी और आदरणीय डॉ. पंचम सिंह कवड़े जी इत्यादि प्रमुख कार्यकर्ताओं एवं पदाधिकारियों का मार्गदर्शन एवं स्नेह तथा सहायता मिली। इन सभी के मार्गदर्शन में समाजशास्त्र विषय में पी-एच.डी. एवं समाज कार्य विषय में राष्ट्रीय पात्रता परीक्षा (यू.जी.सी. नेट) पास की। इसके साथ ही परिषद् में रहते हुए मैंने अखिल भारतीय जनजातीय कार्य सहकार्य प्रमुख का दायित्व एवं प्रदेश का सह कार्यालय मंत्री के दायित्व तथा महानगर जनजातीय कार्य सहप्रमुख के दायित्व का निर्वहन किया। परिवार में किसी को यह नहीं पता था कि मैं किसी संगठन से जुड़ा हूँ।

जब मैं परिषद् में राष्ट्रीय जनजाति कार्य सहकार्य प्रमुख बना तब पूरे परिवार और पूरे गाँव में मिठाइयाँ बाँटी गईं। उन्हें बहुत खुशी हुई कि इतने बड़े छात्र संगठन अखिल भारतीय विद्यार्थी परिषद् का अखिल भारतीय जनजातीय कार्य सहकार्य प्रमुख बनाया गया था। तब माता-पिता खुशी से फूले नहीं समाए थे। गाँव, घर-परिवार से मुझे फोन पर बधाइयाँ मिलतीं एवं उज्ज्वल भविष्य के लिए आशीर्वाद देते। मेरे परिवार एवं गाँव वालों को पता चला कि लड़का तो छा गया। माँ-बाप का नाम रौशन कर दिया। इतनी बड़ी जिम्मेदारी उसके ऊपर आ गई है। माता-पिता मुझसे मिलने के लिए बेताब थे और बेसब्री से इन्तजार कर रहे थे कि कब मेरा बेटा घर आएगा और मैं उसे आशीर्वाद तथा मिठाई खिलाऊँ। ऐसा माहौल पूरे परिवार में हो गया था लेकिन उनको परिषद् के बारे में पता नहीं था। शायद मेरा बेटा बहुत बड़े पद पर पहुँच गया, यह सोचते थे, पर एक सामाजिक एवं नि:स्वार्थ भाव से देश और समाज की सेवा

करने एवं जनजातीय विद्यार्थियों की समस्याओं एवं देश-समाज के प्रति एक नवीन जिम्मेदारी मुझे मिली थी लेकिन माता-पिता को समझाना कठिन था। वे तो यही समझ रहे थे कि बेटे की नौकरी लग गई और वह बहुत बड़ा अधिकारी बन गया है। जब मैं कुछ दिन बाद घर गया, तब माता-पिता का एक ही सवाल था कि भोपाल में जहाँ रहता था, वहीं रहेगा कि कहीं और जाना पड़ेगा? कितना पैसा मिलेगा? कौन-सी नौकरी है? क्या काम करना पड़ेगा? यह सब सवाल मेरे सामने आए। जब वे बोलना बन्द कर दिये तब मैंने उन्हें प्यार से समझाया कि मेरी अभी नौकरी नहीं लगी है। अभी तो एक सामाजिक संगठन में मुझे कुछ जिम्मेदारी मिली है। बस, और कुछ नहीं है। स्कूल, कॉलेज के अपने समाज के बच्चों का एवं अपने आदिवासी समाज का कुछ काम मिला है। उसमें पैसा-वैसा नहीं मिलता है। आज हूँ, कल नहीं रहूँगा। जब मेरी नौकरी लग जाएगी तब मैं सबसे पहले आप लोगों को ही बताऊँगा, अभी तो पढ़ाई पूरी भर हुई है। अब मैं नौकरी के लिए आवेदन करूँगा, फिर नौकरी करूँगा। दुर्भाग्य से मेरे पिता का लम्बी बीमारी के बाद 2014 में देहावसान हो गया और उनका सपना एक ही था कि मैं अपने बेटे को नौकरी करता हुआ एवं विवाहित देख सकूँ। लेकिन यह दोनों चीजें उन्हें नसीब नहीं हुईं। वे इससे पहले ही चल बसे। वे तो कक्षा बारह में ही मेरा विवाह कराना चाहते थे।

बहुत जगह लड़की देखने भी गए परन्तु तब तक बहुत देर हो चुकी थी। मैं बार-बार मना करता रहा और वे मनाते रहे। कई जगह के रिश्ते लेकर आए कि यहाँ कर ले, यहाँ कर ले लेकिन मैं उनके सपनों को पूरा नहीं कर सका। बार-बार मेरे सामने नौकरी आड़े आ जाती। मैं इतना पढ़ा-लिखा था

लेकिन कोई नौकरी न होने के कारण बाद में सब लोग मना करने लगे कि लड़का नौकरी कहीं भी नहीं करता है। इस तरह से बहुत देर हो गई, तब तक उनका निधन हो गया और उसके एक वर्ष बाद ही नौकरी लग गई और दूसरे वर्ष 2016 में विवाह भी हो गया। छोटी-सी नौकरी जिससे मुझे मासिक बीस से पच्चीस हजार रुपये मिलते हैं। उसी से मैं अपने परिवार का भरण-पोषण कर रहा हूँ।

विद्यार्थी परिषद् अन्य संगठनों से अलग कैसे है।

परिषद् की परिकल्पना बहुत व्यापक है। परिषद् के बारे में जितना अन्दर तक जाएँगे, आपको उतना आनन्द आएगा। परिषद् वह विशाल समुद्र है जहाँ से निकलने का मन नहीं करता। एक बार रम जाने के बाद आपका मन परिषद् में ही लगा रहता है। परिषद् विश्व का सबसे बड़ा छात्र संस्थान है। किसी दूसरे संगठन की कॉपी या तुलना करना मेरी समझ से परे है। बस, अपने संगठन को मजबूती प्रदान करना चाहिए। युवा छात्र नेताओं को नेतृत्व प्रदान करना चाहिए। उनका मार्गदर्शन, प्रशिक्षण की दक्षता एवं अभिमुखीकरण इत्यादि कार्यों के प्रति ध्यान होना चाहिए। मैं यह भी बता देना चाहता हूँ कि देश में बहुत-से नाना प्रकार के छात्र संगठन सक्रिय हैं जिनका मकसद केवल और केवल अपनी रोटियाँ सेंकना तथा अपने स्वयं के स्वार्थ के लिए कोई भी आन्दोलन खड़ा करना होता है। अपना निजी स्वार्थ होता है। नफरत और झूठे आन्दोलनों के सहारे वे मासूम छात्र-छात्राओं का उपयोग करते हैं। गरीब एवं मध्यवर्गीय परिवार से जो बच्चे पढ़ने के लिए शहर आते हैं, उन्हें पकड़ने एवं जकड़ने का तथा उन्हें

झूठी दिलासा देकर अपने जा़ल में फँसाकर उनका एक तरह से शोषण ही किया जाता है। चाहे वह किसी भी प्रकार का शोषण हो, लेकिन परिषद् में ऐसा कुछ नहीं होता। यहाँ पर सब कुछ पारदर्शी है। यहाँ आपकी अपनी तसवीर पुरुषार्थ एवं कड़ी मेहनत से चमकती है। उसे ऊपरी रंग-रोगन कर चमकाना नहीं पड़ता है। परिषद् बिलकुल अलग और एक प्रकार से सच्ची देश सेवा, छात्र सेवा और समाज सेवा निरन्तर करता आ रहा है। परिषद् में सदस्यता रसीद कटती है। आप परिषद् के सदस्य हैं, इसके लिए आपके पास सबूत होता है।

परिषद् में भेदभाव

परिषद् में रहते हुए भेदभाव जैसी कोई बात मेरे ध्यान में नहीं है। परिषद् को मैंने करीब से देखा एवं जिया है। मैंने अपने जीवनकाल के दस-पन्द्रह वर्ष परिषद् में रहते हुए बिताए हैं। सभी कार्यकर्ताओं एवं पदाधिकारियों का स्नेह और मार्गदर्शन मिलता रहा है। वे नेतृत्व को तैयार करने में अपनी अहम् भूमिका एवं अपना जीवन माँ भारती के चरणों में तथा देश सेवा के लिए दिन-रात कड़ी मेहनत करते हुए युवा छात्रों को नेतृत्व के गुर और चरित्र-निर्माण करने में अथक प्रयासरत हैं। परिषद् तीन आधार स्तम्भों तथा सिद्धान्तों पर चलता है—ज्ञान, शील और एकता का सिद्धान्त। छात्र किसी भी परिस्थिति में हो, वह ज्ञान से सब कुछ कर सकता है। दूसरा सिद्धान्त वाक्य है—शील। शील यानी शालीनता, धैर्यता से काम करता है तथा युवा छात्रों को धैर्यता का गुर सिखाया जाता है और अन्त में एकता की बात आती है। तो हम सब यह भली भाँति जानते हैं कि हमारा भारत

देश तथा पूरा विश्व एक कुटुम्ब है। तभी हम कहते हैं वसुवैध कुटुम्बकम्। भारत एकता में विश्वास करता है, अनेकता में नहीं। सबका कल्याण सबके विश्वास को लेकर जन-जन तक अपनी अमिट छाप छोड़ते हुए बिना किसी रुकावट के निरन्तर आगे बढ़ रहा है। इस तरह से परिषद् में कभी भेदभाव हो नहीं सकता और न ही यहाँ पर भेदभाव का आचरण किया जाता है।

परिषद् से सीख एवं उन्नति

परिषद् से मैंने बहुत कुछ सीखा है। माता-पिता के बाद प्रथम गुरु तो मेरे लिए परिषद् ही है। परिषद् में रहते हुए मैंने सबसे पहले अपने चरित्र का निर्माण किया। ज्ञान, शील, एकता—ये तीनों शब्द जब भी मेरे कानों में पड़ते हैं तो मुझे बहुत प्रेरणा देते हैं। मेरा जीवन परिषद् में आने के बाद बहुत बदल गया। राजनीतिक क्षेत्र, सामाजिक क्षेत्र, शैक्षणिक क्षेत्र, सांस्कृतिक क्षेत्र एवं अन्य क्षेत्रों के बारे में मैंने परिषद् में रहते हुए जाना-समझा। परिषद् में कार्यकर्ता-निर्माण के साथ-साथ चरित्र-निर्माण की शिक्षा मिलती है। परिषद् में रहते हुए व्यक्ति सीखता है और बस, सीखता हुआ चला जाता है। परिषद् वह बरगद का पेड़ है जिसके नीचे जो एक बार आ गया, फिर चाहे कितनी ही आँधी आए या तूफान, कोई भी कठिनाई आ जाए, उसका कुछ भी बिगाड़ नहीं कर सकती। परिषद् शक्ति प्रदान करती है। परिषद् वह मन्दिर है जिसमें जिसने भी अपना जीवन समर्पित कर दिया है, वह कभी व्यर्थ नहीं जाता। कार्यकर्ता का निर्माण निरन्तर चलता रहता है। मैं एक छोटे-से गाँव का अदना, नाटा-सा लड़का था। न मुझे बोलने

का ढंग था, न बैठने का—बस, काम एवं शिक्षा के प्रति एक जुनून एवं जज्बा भर था लेकिन जब परिषद् में आना हुआ, तब मेरे आसपास एवं मेरे अन्दर बहुत बड़ा परिवर्तन हुआ। जब मेरे मन में एम.फिल. करने का विचार आया तब मुझे परिषद् के विद्वान कार्यकताओं और विषय विशेषज्ञों ने कहा कि 'एम.फिल. में क्या रखा है! आप तो पी-एच.डी. करो और कलीराम इवने से डॉ. कलीराम इवने बनो। पी-एच.डी. कर आप एक अच्छे कॉलेज या विश्वविद्यालय में प्रोफेसर की नौकरी करके लाख-डेढ़ लाख का वेतन पा सकते हो।' मुझे लगा, ये सब मेरा मजाक उड़ा रहे हैं या फिर सपने दिखा रहे हैं। लेकिन जब आदरणीय श्री वी.डी. शर्मा जी भाई साहब को यह बात पता चली कि कली पी-एच.डी. में प्रवेश लेना चाहता है तो भाई साहब ने तुरन्त 'हाँ' कर दी और कहा, 'बिना देर किये तुम पी-एच.डी. की तैयारी में लग जाओ। सब कुछ पूछकर आओ और आवेदन कर दो।' मैंने 'हाँ' कर दी। सोचने लगा कि इतनी बड़ी डिग्री क्या वास्तव में मैं ले सकता हूँ? क्या मैं सपना देख रहा हूँ? चार-पाँच दिन बाद फिर भाई साहब ने पूछा कि फ़ॉर्म जमा कर दिया? वास्तव में मैंने अभी तक आवेदन नहीं किया था। बरकतउल्लाह विश्वविद्यालय, भोपाल से मैंने डरते हुए पी-एच.डी. प्रवेश फ़ॉर्म ले लिया और वापस आ गया। उस फ़ॉर्म को मैं भरना नहीं जानता था तो दस-पन्द्रह दिन तक छुपा कर रख दिया कि कोई देख न सके और जब कोई प्रोफेसर तथा विद्वान आएँ तो मैं उनसे भरवा लूँ। संयोग से मेरे आदर्श एवं आदरणीय डॉ. विश्वास चौहान जी, प्रोफेसर, लॉ कॉलेज एवं साथ में आदरणीय डॉ. अनिल शिवानी जी, प्रोफेसर, हमीदिया कॉलेज—दोनों मार्गदर्शक गुरुओं का मार्गदर्शन मिला। उनको पी-एच.डी. का फ़ॉर्म दिखाया। उन्होंने कहा, 'भरो इस फार्म को

और जमा कर दो, आगे कुछ मत सोचो। ऐसा अवसर बार-बार नहीं मिलता। आपका भविष्य उज्जवल है, जिन्दगी सँवर जाएगी।' उन्हीं के साथ बैठकर मैंने पी-एच.डी. का आवेदन-पत्र भरा और विश्वविद्यालय में जमा कर आया। जब पी-एच.डी. शोधार्थियों की सूची निकली तो मेरा नाम भी पाँचवें नम्बर पर था। मुझे भी अब पी-एच.डी. में प्रवेश मिल गया। पी-एच.डी. में प्रवेश के जो प्रारम्भिक चरण होते हैं, वह सभी पूरा करना था। पी-एच.डी. पूर्ण करने के बाद शासकीय नौकरी सहायक ग्रेड-3 के पद पर माखनलाल चतुर्वेदी राष्ट्रीय पत्रकारिता एवं संचार विश्वविद्यालय, भोपाल, मध्य प्रदेश में मेरा चयन हो गया एवं वर्तमान में सहायक ग्रेड-3 के पद पर कार्यरत हूँ।

अन्त में इतना ही कहना चाहता हूँ कि मैं परिषद् जैसे छात्र संगठन से जुड़कर अपना एवं अपने गाँव के गरीब, पिछड़े, असहाय, आर्थिक रूप से गरीब बच्चों के प्रति अभिनव प्रयास कर रहा हूँ। परिषद् से जो सीखा, समझा व अनुभव किया, वह आज मेरे जीवन में बहुत काम आ रहा है। परिषद् से वह सब कुछ मुझे मिला जिसकी मैं कल्पना भी नहीं कर सकता था। आज मैं जो भी हूँ, जहाँ भी हूँ, परिषद् की ही देन है। परिषद् न होती तो मैं कुछ नहीं कर सकता था। मैं परिषद् का कोटि-कोटि आभार एवं धन्यवाद ज्ञापित करता हूँ।

मैं अखिल भारतीय विद्यार्थी परिषद् के लाखों-लाख कार्यकर्ताओं एवं परिषद् के पदाधिकारियों, सहयोगियों एवं उस संस्था का भी आभार व्यक्त करता हूँ जिसने मेरे जैसे गरीब एवं सुदूर आदिवासी अंचल के एक युवक को आत्मकथा लिखने को प्रेरित किया। मैंने अपने परिवार, समाज-संगठन एवं सभी क्षेत्रों को इसमें जोड़ने का प्रयास किया है। भारतीय सामाजिक विज्ञान

अनुसंधान परिषद्, नई दिल्ली और मानव संसाधन विकास मंत्रालय, भारत सरकार, नई दिल्ली तथा उनके समस्त अधिकारी एवं पदाधिकारी शोधार्थी एवं विशेष तौर पर आदरणीय श्री रामानन्द भाई साहब का आभार प्रकट करता हूँ जिन्होंने मुझे इस क्षेत्र में काम करने हेतु प्रेरित किया और मार्गदर्शन प्रदान किया। मैं उन सभी के प्रति आभार प्रकट करता हूँ एवं कोटि-कोटि धन्यवाद देता हूँ जिन्होंने मुझे प्रत्यक्ष एवं अप्रत्यक्ष रूप से मदद की और मार्गदर्शन प्रदान किया।

नाम : डॉ. कलीराम इवने; **पिता :** स्वर्गीय श्री रामसिंग इवने, कृषक; **माता :** श्रीमती फुलंता बाई इवने, गृहिणी; **जन्मस्थान :** ग्राम हरदू, पोस्ट चूड़िया, तहसील चिचोली; **जिला :** बैतूल, मध्य प्रदेश-460330; **जन्मदिन :** 04 अगस्त, 1984; **शिक्षा :** बी.कॉम, समाज कार्य में स्नातकोत्तर, समाज कार्य में राष्ट्रीय पात्रता परीक्षा—यू.जी.सी. नेट एवं समाजशास्त्र विषय में पी-एच.डी. की उपाधि; **व्यवसाय :** शासकीय नौकरी (सहायक ग्रेड-3); **कार्यरत संस्था :** माखनलाल चतुर्वेदी राष्ट्रीय पत्रकारिता एवं संचार विश्वविद्यालय, भोपाल, मध्य प्रदेश।

मेरी आवाज

धनराज की आपबीती

मैं मध्य प्रदेश के सीहोर जिले के एक गाँव का रहनेवाला हूँ। ग्राम चारुआ, पोस्ट जहाजपुरा है। मार्कशीट के अनुसार 15 मार्च, 1992 मेरी जन्मतिथि है। बचपन में अपने मामा-मामी के यहाँ एक या दो बार ही गया हूँ। जब से हमारे नाना-नानी गुजरे तो उसके बाद से मम्मी-पापा ने मेरे ननिहाल जाना बन्द कर दिया। फिर मेरी बुआ का घर था, वह हमारे लिए एक पिकनिक मनाने जैसा होता था। हम वहाँ जाते थे और वहाँ जाकर हमें दूसरा घर जैसा लगता था, इसके अलावा हमारे घर में भी बड़ा परिवार था।

घर में दादा-दादी हैं और चाचा-चाची हैं। इसके बाद हम लोग आठ भाई-बहन हैं। छह बहनें हैं, दो भाई हैं और छह बहनों में सबसे बड़ी बहन का नाम है, सुनीता। फिर उससे छोटी बहन है, क्षमा। फिर तीसरे नम्बर पर मैं हूँ। मुझसे तीन छोटी बहने हैं : आरती, पूजा और रक्षा। फिर

इसके बाद सबसे छोटी बहन है ज्योति। सबसे छोटा भाई है अभिषेक और मझले चाचा-चाची के दो लड़के हैं, दो लड़कियाँ हैं। बहनें बड़ी हैं, रीना और रीतू।

हम लोग अनुसूचित जाति में हैं। हम लोग चौधरी जाति से हैं जो हरयाले गोत्र लिखते हैं। मैं जब सबसे पहले स्कूल गया तो अपनी बहन के साथ स्कूल गया। वह पाँचवीं तक ही पढ़ी है। जब वह पाँचवीं में थी तभी मैं पहली बार स्कूल गया था। उस समय मैं पहली कक्षा में था। उसे शिशु केन्द्र बोलते थे तो वहाँ पर जब सबसे पहली बार स्कूल गया तो बरसात का दिन था। उस दिन मैं वहाँ कुछ लेकर नहीं गया था। वहाँ पर जो अध्यापिका थीं, उनका नाम मुझे याद नहीं है। उन्होंने मुझसे सबसे पहले कहा कि तुम्हारा चाक और स्लेट कहाँ है? पहले दिन मैं कुछ नहीं ले गया था तो मैं अपनी बहन के पास गया तो उससे लेकर मैंने अपना काम चलाया। फिर उसके बाद 5वीं कक्षा के बाद मेरी बहन ने वह स्कूल छोड़ दिया। उसके 5वीं का स्कूल छोड़ने के बाद मैं स्कूल में अकेला हो गया। मेरी जो उससे छोटी बहन थी, उसने पढ़ाई ही नहीं की। वह स्कूल ही नहीं गई।

जब मैं पहली कक्षा में पढ़ने स्कूल गया तो गिर गया था तो मैं बहुत रोया। मेरे अध्यापक मुझे उठाकर ले गए। फिर जब मैं दूसरी कक्षा में था तो मेरे सर ने मुझे पढ़ने के लिए कहा। मुझे पढ़ना ही नहीं आता है तो उन्होंने मेरी पिटाई की। पिटाई होने के बाद मुझे ऐसा लगा कि मुझे ऐसा करना चाहिए कि मुझे कभी मार ही न पड़े। उसके बाद से ऐसा हुआ कि मैं पढ़ना सीख गया। तो पिटाई का एक असर हुआ मेरे ऊपर।

नहीं, उन्होंने पढ़ना-लिखना भी सिखाया। उसके बाद जब मैं पाँचवीं कक्षा के बाद छठी में गया तो सारी बिरादरियों के बच्चे भी उसी स्कूल में

पढ़ने जाते थे। उस समय स्कूलों में कोई भेदभाव नहीं था। किसी अध्यापक ने कभी मेरे साथ भेदभाव नहीं किया। उन्होंने कभी भी शिक्षा देने में भेदभाव नहीं किया। फिर भी स्कूल के बाहर जो भारतीय जाति व्यवस्था है, वह ठीक से काम करती थी। जैसे स्कूल के नल का पानी पीना है, तो हम सभी बच्चों के साथ नहीं पी सकते थे। जैसे कोई बच्चा पानी पी रहा हो तो हम उसके पास पानी नहीं पी सकते थे। ऐसा माहौल रहता था। जैसे स्कूल में भोजन के लिए उस टाइम दलिया बनती थी। यह दलिया मुझे अलग से लेनी पड़ती थी। यह भेदभाव था।

जब मैं पाँचवीं कक्षा में पढ़ता था तो हमारे यहाँ नर्मदा नदी के पास से एक बाबा आए हुए थे। मेरे घर से नर्मदा नदी पाँच सौ मीटर दूर है। वहाँ एक अच्छा मेला लगता था, भंडारा होता था, कन्या भोज होता था तो हम लोग स्कूल के बाद सीधा वहीं जाते थे।

एक बार मैं अकेला था। तब मेरा कोई भाई-बहन नहीं था, तो हमारा जो घर है, वहाँ हमारी बिरादरी का वह एक ही घर है और जो बाकी बिरादरी के लोग हैं, वे बहुत ज्यादा हैं तो वहाँ पर जब हमारे खाने की बारी आई तो सबसे पहले दूसरी बिरादरी के लोग बैठे, सबसे आगे। फिर उसके बाद तीसरी बिरादरी के लोग बैठे। फिर उसके बाद ऐसे तीन बिरादरी के लोग अलग-अलग बैठ गए। अब हमारी बारी आई तो हमें बैठने के लिए बोला गया क्योंकि मैं अपनी बिरादरी से अकेला था। किसी ने बोला—भैया, आप यहाँ बैठ जाओ तो मुझे इतना बुरा लगा कि मैंने खाना नहीं खाया। मैं उठ गया। सब लोग बोले—खा ले, खा ले। लेकिन मैंने खाना नहीं खाया और शायद मुझे ये सब बहुत बुरा लगता था इसलिए मैं गाँव के किसी कार्यक्रम में बहुत कम गया क्योंकि मुझे लगता था कि कहीं ऐसा दुबारा न हो जाए

क्योंकि वहाँ के लोगों के मन में छुआछूत वाला भाव था। हालाँकि बच्चों के मन में यह सब नहीं था लेकिन वास्तव में वह एक ऐसी जगह थी जहाँ बिरादरी के लोग बहुत ज्यादा थे तो वहाँ कोई कन्या भोज तो होगा, तब भी ऐसा होगा कि बाकी बिरादरी की लड़कियाँ एक जगह बैठेंगी, दूसरी बिरादरी की लड़कियाँ दूसरी जगह बैठेंगी। वहाँ चार-पाँच बिरादरी के लोग अलग बैठते थे, बाकी बिरादरियों के लोग दूसरी जगह बैठते थे।

हमारे वहाँ पर एक मन्दिर था। जब हम स्कूल में पढ़ते थे तो वहाँ पर एक सज्जन थे, उनका नाम बताना उचित नहीं है। एक बार मन्दिर में सब बच्चों के साथ मैं भी वहाँ जाकर बैठ गया। यह चौथी या पाँचवीं कक्षा की बात होगी। तो उन्होंने कहा कि तुम किसके लड़के हो? मैंने अपने पिता का नाम बताया। इस पर उन्होंने कहा कि तुम नीचे उतरो। तुम्हें मालूम होना चाहिए कि यहाँ कैसे रहना चाहिए। तो गाँव में ऐसे लोग भी थे जो भेदभाव कर रहे थे लेकिन अच्छी बात यह थी कि ऐसे सिर्फ एक-दो लोग थे लेकिन ऐसा कभी नहीं हुआ कि गाँव में इनका कभी विरोध हुआ हो, न ही किसी ने उनको ऐसा कहा कि आप उसको ऐसा क्यों बोल रहे हैं। हम छोटे-छोटे बच्चे जरूर थे लेकिन यह बात किया करते थे कि ऐसा क्यों है। हम बच्चे लोग ऐसा सोचते थे और जब भी हम लोगों को मौका मिलता था, बाहर जाकर कुछ खरीदकर खा लिया करते थे, शौक की वजह से। खेल में हमें कभी ऐसा नहीं लगा कि हमारे बीच कुछ भेदभाव जैसा है। गुल्ली-डंडा, कंचे खेलना, क्रिकेट खेलना, सभी साथ में खेलते थे।

5वीं कक्षा के बाद मेरी बड़ी बहन को स्कूल छोड़ना पड़ा था क्योंकि उस समय लड़कियों को इतना पढ़ना मुश्किल काम था। मुश्किल माहौल भी था इतना पढ़ने का, तो उसने क्या किया कि स्कूल ही छोड़ दिया। स्कूल

छोड़ने के बाद मुझे ऐसा लगता था कि अब मैं कैसे स्कूल जाऊँगा? मैं भी अब स्कूल नहीं जाऊँगा।

हमारे दादाजी के यहाँ बकरियाँ थीं तो हमारे पापा ने भी बकरियाँ खरीद लीं और दादी और दादा, दोनों ही बकरियाँ चराने जाते थे। जब दादा बकरियाँ चराने जाते थे तो अपने साथ दोनों बहनों को भी ले जाते थे और जब दादी जाती थीं तो वे भी दोनों बहनों को साथ ले जाती थीं। मेरी बड़ी बहन ने बहुत बकरियाँ चराई हैं। फिर मेरा स्कूल भी गाँव से थोड़ा दूर हो गया था। यह गाँव से एक किलोमीटर दूर था। छठी कक्षा में मैं वहाँ गया। वहाँ रास्ते में एक नाला पड़ता था जो बरसात में पूरा भर जाता था तो हम कभी-कभी स्कूल नहीं जा पाते थे। अब हुआ ये कि हम लोग 15-20 बच्चे थे, एक ही कक्षा के। हमारे गाँव के 15-20 बच्चों में से ज्यादा की पढ़ने-लिखने में रुचि ही नहीं थी, और वे पढ़ भी नहीं पाते थे।

लेकिन जब मैं स्कूल गया तो वहाँ पर तिमाही की परीक्षा होती थी। वहाँ पर मैंने गणित विषय में 50 में से 49, किसी में 50 में से 48 अंक लाया तो सारे अध्यापक, बच्चे—सभी ठीक से पहचानने लगे कि अरे, यह तो धनराज है! स्कूल में मेरी अच्छी छवि बन गई थी। घर वाले भी कहते थे कि बेटा, तुमको पढ़ना है क्योंकि दो बहनें पहले से ही थीं। वे घर सँभालती थीं। वे थोड़ी बड़ी भी हो गईं तो वे खेतों में भी काम करती थीं, जैसे गेहूँ काटना, चना काटना, यह सब काम।

घर की आर्थिक स्थिति तो शुरू से ही ठीक नहीं थी। हम लोगों के पास जमीन तो थी नहीं, इसलिए परिवार मजदूरी से ही चलता था। हमारा अकेला परिवार था। माता-पिता अलग थे, चाचा-चाची उनसे अलग रहते थे।

कक्षा पाँच तक तो स्कूल मेरे गाँव में ही था। दो शिक्षक थे, एक कमरा और एक हॉल था। यहीं सभी बच्चे साथ पढ़ते थे। हाईस्कूल गाँव से थोड़ा दूर जहाजपुरा में था। यह काफी बड़ा था। स्कूल दो शिफ्ट में चलता था—एक सुबह और एक शाम। हमारा शाम वाली शिफ्ट में 12 से 5 बजे तक स्कूल टाइम था। यह काफी मजेदार समय था मेरे लिए। बहुत सारे बच्चे थे इनमें। मेरे बहुत अच्छे नये मित्र भी बने। इस स्कूल में एक सतीश गौर सर थे। वे कहते थे कि यह लड़का कुछ बड़ा बनेगा, कुछ अच्छा करेगा। एक कपिल सर थे और एक वर्मा सर थे, दोनों मुझे बहुत प्यार करते थे। एक पुरुषोत्तम सर थे, वे बहुत चिल्लाते थे लेकिन वे भी बहुत ज्यादा प्यार करते थे और प्यार के साथ-साथ एक लगाव भी बन गया था उनके साथ, क्योंकि वे बोलते थे—यह जो लड़का है, कुछ करके दिखाएगा।

स्कूल जाने से पहले और कभी-कभी स्कूल से आने के बाद भी मुझे बकरी चराने जाना होता था। गर्मियों की छुट्टियों में पिताजी के साथ मैं बकरियाँ और भैंस चराता था। मैंने जब दसवीं की परीक्षा पास की, तब भी मैं भैंस चराता था और परिणाम आने पर मुझे छियानसी प्रतिशत अंक मिले थे। और उस समय जो मेरे गाँव के दोस्त लोग थे, उनको मेरे कारण घर पर बहुत डाँट पड़ती थी। वे लोग मुझसे कहते थे कि तुम बकरियाँ चराते हो और उसके साथ किताब लेकर जाते हो और हमें डाँट खिलवाते हो। वे लोग अपने घरों के लड़कों को बोलते थे कि देखो, यह लड़का बकरियाँ चरा रहा है और तुम कोचिंग जा रहे हो, तब भी तुम उससे कैसे पीछे रह जाते हो? तुम फेल हो रहे हो, और वह इतना परसेंट बना रहा है।

हमारे गाँव में तकरीबन पचपन घर थे। उनमें से करीब बीस-बाईस घर 'कीर' समाज के थे और बीस-बाईस घर गोस्वामी समाज के। पाँच-छह घर कोटवार लोगों के थे और एक घर हम लोगों का था। हमारा घर गाँव के दक्षिणी छोर पर था। यह गाँव के सबसे आखिर में पड़ता था, दूसरी तरफ से आएँगे तो पहले पड़ेगा। यह बिलकुल एक कोने में था, फिर उसके पार कोटवार का घर था और उसके बाद कीर समाज का घर था और उसके बाद अन्त में गोस्वामी लोगों का घर था।

हमारे घर के पास एक बाँगड़ था। घर के ही पास में एक नल था। जब हम लोग नल पर पानी भरने जाते थे तो दूसरे लोग बोलते थे कि जब हम पानी भरेंगे तो तुम पानी भरने नहीं आओगे। नल हमारे घर के पास में ही था लेकिन उसी के साथ यह भी लगता था कि सामनेवाला पानी भर रहा है और हम नीचे खड़े देख रहे हैं। यह खुला भेदभाव था लेकिन स्कूल इससे अलग था। स्कूल में मेरे सारे अध्यापक मुझे बहुत प्यार करते थे, मेरी बहुत तारीफ करते थे। जब तारीफ करते थे तो मुझे ऐसा लगता था कि कहीं मैं आगे चलकर झूठा न हो जाऊँ। दूसरा, जब मैं अपने घर पर रहते हुए दसवीं की परीक्षा हुई, तो उस समय मैं पहला ऐसा व्यक्ति था जो पूरे परिवार में दसवीं पास हुआ था। मुझसे पहले सिर्फ मेरे चाचा थे जो आठवीं कक्षा पास थे, और एक चाचा थे जो आठवीं फेल थे। मैं पूरे परिवार में पहली बार दसवीं पास हुआ तो मुझे लगता था कि मुझे कुछ करना है।

जब मैं कक्षा ग्यारह में गया तो वहाँ भी लोगों को पता था कि यह लड़का पढ़नेवाला है। प्रवेश दिलाने में पापा ने देर कर दी थी तो उन लोगों ने प्रवेश देने से मना कर दिया था कि अब लेट एडमिशन नहीं होगा। जब पिताजी उनको मेरी दसवीं की मार्कशीट दिखाई तो बोले—ठीक है, कर लेंगे

एडमिशन। फिर उन्होंने एडमिशन कर लिया। ग्यारहवीं कक्षा में मुझे साइकिल से ही स्कूल जाना पड़ता था। हालाँकि साइकिल पहले से ही पापा के पास थी क्योंकि पापा गर्मियों में नारगाय (गाँव की समस्त गाय-भैंस) चराते थे और बरसात में सब्जियाँ बेचा करते थे। वे फल भी बेचते थे। साइकिल उनके लिए सब कुछ थी।

उस समय कोई भेदभाव नहीं होता था। पापा होशंगाबाद से फल खरीदकर लाते थे जो हमारे गाँव से तीस किलोमीटर दूर था। एक दिन फल लाते थे, दूसरे-तीसरे दिन तक बेचते रहते थे। वे सब्जियाँ भी बेचते थे। स्कूल के अध्यापकों का व्यवहार बहुत अच्छा था बाकी जो नये अध्यापक थे, मैंने उनकी नजर में अपनी जगह बना ली थी कि मैं पढ़नेवाला हूँ। दो नये अध्यापक आए थे—राजीव दुबे और अतुल साहू। अतुल सर ने तो मुझे गणित और physics की मुफ्त टयूशन भी दी। इसी का परिणाम था कि मैंने 11वीं और 12वीं अच्छे अंकों से पास की। वहाँ एक सोना रैकवार मैडम थीं, वे भी बहुत अच्छी थीं। वह हमें केमिस्ट्री पढ़ाती थीं। मैंने जब भी उनसे सम्पर्क करने की कोशिश की लेकिन हो नहीं पाया। राजीव दुबे सर बहुत अच्छी फिजिक्स और मैथ्स पढ़ाते थे। जब कक्षा बारह का रिजल्ट आया तो यह काफी अच्छा था लेकिन अंग्रेजी के मार्क्स बहुत कम आए थे। मेरा अंक प्रतिशत 75 रहा लेकिन मैं सन्तुष्ट नहीं था। जब मैं कक्षा 6 से 10 के बीच पढ़ रहा था तो मेरे कई अच्छे दोस्त बने, जैसे गौरव। गौरव बहुत अच्छा लड़का था। उसने भी स्नातक किया है और अब वह प्रतियोगी परीक्षाओं की तैयारी कर रहा है। उसका परिवार तो अच्छा था। पिताजी उसके गाँव के सरपंच थे। मेरा एक दोस्त था कक्षा 12 में, धनराज केवट नाम था उसका। वह मेरा बहुत अच्छा दोस्त था, क्रिकेट-प्रेमी था। एक तो ऐसा रहा है कि जितने भी मेरे दोस्त थे, सब-के-सब क्रिकेट-प्रेमी रहे हैं।

क्रिकेट में, बैटिंग हो या बॉलिंग, मैं दोनों ही अच्छा करता था। बैटिंग का ज्यादा शौक रखता था। बॉलिंग तो ऐसे टाइम पास के लिए करता था। वहाँ पर मेरा एक और दोस्त था, वह मेरी बॉल पर बहुत मारता था। उसका नाम था डालचन्द। वह पहले पढ़ने नहीं जाया करता था लेकिन मैंने उसको बोला कि जैसे-तैसे एडमिशन ले ले तो उसने दूसरी कक्षा में एडमिशन ले लिया। तो मेरे कहने पर वह पढ़ने के लिए आता था। मैं यही सोचता था कि देखो, मेरे कहने पर इसने पढ़ाई कर ली और बारहवीं पास करने के बाद उसने इंजीनियरिंग में एडमिशन ले लिया और वह मुझसे बिलकुल सम्पर्कहीन हो गया। इसके बाद वह इंजीनियरिंग छोड़कर कब चला गया, मुझे पता ही नहीं चला। अब उसकी शादी हो गई है। अभी तो वह घर पर है और खेती करता है।

जब हम लोग कॉलेज में एडमिशन लेने गए तो मैंने बीएससी कम्प्यूटर साइंस में प्रवेश लिया। मैंने इससे पहले इंजीनियरिंग करने को सोचा था लेकिन पिताजी को गाँव में किसी ने कह दिया कि इंजीनियरिंग करने से कुछ हासिल नहीं होगा तो आप उसे क्यों इंजीनियरिंग करवा रहे हो? मैंने सोचा कि बीएससी में एडमिशन ले लेता हूँ लेकिन मैंने देखा कि उसके लिए पाँच हजार रुपये एकमुश्त फीस माँग रहे हैं। फिर मैंने प्रिंसिपल से जाकर बात की कि सर, यह मेरी मार्कशीट है। आप इसे थोड़ा देख लीजिए तो वे बोले—बेटा, नहीं हो पाएगा। आप फिजिक्स-केमिस्ट्री-मैथ कर लो। साधारण बीएससी भी होती है, वह कर लो। तो मैंने घर पर अपने पापा को बताया। पापा बिलकुल टेंसन में आ गए। वे बोले कि कहाँ से इतने पैसे लाएँगे हम? अब इसको मेरी किस्मत कहेंगे कि गुलाब सिंह नागर जो हैं, पैंसठ साल के हैं, उनको पता नहीं कैसे मालूम चल गया। वे हमारे घर पर आए और

कहा कि चलो, करते हैं कोशिश। वे तहसीलदार के कार्यालय गए। वहाँ पर दो लोग थे, जिनका नाम था राम सजीवन यादव और आशा राम यादव। उन्होंने कहा कि इस विषय में भोपाल में बात करेंगे। 2 अगस्त, 2010 को मैं पहली बार भोपाल आया। मैंने भोपाल शहर बस सपने में ही देखा था कि एक भोपाल शहर भी होता है। तो 2 अगस्त, 2010 में जब मैं भोपाल गया तो मैंने सोचा कि इंजीनियरिंग कॉलेज में एडमिशन हो जाए तो उन्होंने कहा कि अगर इंजीनियरिंग कॉलेज में थोड़ी देर से एडमिशन हो रहे होंगे तो इसमें हम करवा देंगे और अगर नहीं हो रहे होंगे तो बीएससी में करवा देंगे। उन्होंने मुझे भोपाल के एमबीएम साइंस कॉलेज का एक फॉर्म दिया और बोले कि जाइए, एडमिशन हो जाएगा। विजय जी अठवाल उस समय ए.बी. वी.पी. के महानगर के संगठन मंत्री थे। वे मुझे तपन भौमिक जी के घर पर मिले, फिर वे मुझे ए.बी.वी.पी. के कार्यालय ले गए। तपन भौमिक जी से ही आशाराम यादव जी और रामसजीवन यादव ने मेरे विषय में बात की। इसके बाद तपन भौमिक जी ने विजय जी को एडमिशन करवाने को कहा। वहाँ छोड़ते समय मेरे पापा बहुत भावुक हो गए थे। मुझे भी बहुत रोना आया था कि यहाँ मैं अकेले कैसे रहूँगा।

कॉलेज की फीस विजय भाई साहब ने ही किसी से दिलवाई थी जो अपने कार्यकर्ता थे क्योंकि वहाँ पर मैंने फीस जमा नहीं की थी, वो किसी और ने ही जमा की और फिर वहाँ मैं चार महीने तो पुराने कार्यालय में रहा। कार्यालय में सकारात्मक प्रभाव भी रहता था, सब लोगों से हँसना-बोलना लगा रहता था। हाँ, कभी-कभी भीड़ थोड़ी ज्यादा रहती थी लेकिन उसके

बाद से मैं कार्यालय पर ही रहने लगा। मेरा जब कॉलेज में एडमिशन हो गया तो मैं वहाँ पर सबसे अन्त में प्रवेश लेनेवाला व्यक्ति था। अगस्त में मेरा एडमिशन हुआ, सितम्बर में कॉलेज आ गया था तो थ्योरी और प्रैक्टिकल में मैं सबसे पीछे हो गया था। उसके बाद मैंने अपना काम पूरा करने के लिए कुछ दोस्तों से सहयोग लिया।

हाँ, अध्यापकों ने बहुत सहयोग किया। अशोक शर्मा सर थे, वे मुझे नोट्स दिलवाते थे कि इसमें से यह बना लो, इसमें से वह नोट बना लो। और सबसे बड़ी बात यह है कि कॉलेज में बहुत-से लोग भटक जाते हैं। यह साइंस कॉलेज था तो वहाँ राजनीतिक माहौल ज्यादा बन जाता था। एक तो उन्होंने ऐसा कुछ होने नहीं दिया क्योंकि कभी-कभी मैं ऐसे ही घूम रहा होता था तो वे तुरन्त बोल देते थे कि तू ऐसे क्यों घूम रहा है, पढ़ना-लिखना नहीं है क्या तुझको भी? राजनीति आ रही है क्या? वे डाँट भी देते थे लेकिन अन्दर से बहुत कोमल थे। उन्होंने हमेशा मुझ पर नजर रखी, मेरे साथ रहे। फिर मैंने 2011 में पी.ई.टी. की परीक्षा दी लेकिन उसकी कोई तैयारी नहीं की थी इसलिए मेरे केवल 70 नम्बर आए तो कोई सरकारी कॉलेज नहीं मिल पाया। इसके बाद मैंने सोचा कि अगर प्राइवेट कॉलेज से भी मैं इंजीनियरिंग करूँगा तो 2015 में इंजीनियरिंग का कोर्स पूरा हो पाएगा। लेकिन उसके बाद भी कैम्पस सिलेक्शन का कोई भरोसा नहीं है। फिर मैंने इंजीनियरिंग नहीं की। अब मुझे यह करना ही नहीं था। इसके बाद मुझे लगा कि यहाँ से वापस चलते हैं। दो साल तैयारी करेंगे आराम से, फिर सरकारी जॉब हासिल करेंगे लेकिन अच्छी जगह जाएँगे।

यह तो मुझे पहले से पता रहता था कि सरकारी जॉब के लिए फॉर्म भरना पड़ता है। अगस्त, 2012 में भोपाल के अखिल भारतीय विद्यार्थी

परिषद् कार्यालय में एक लाइब्रेरी खुली थी और वहाँ पर छोटी-मोटी क्लासेज भी होती थी बच्चों की। और वहाँ पढ़ाने के लिए आते थे एक अनिल उपाध्याय। वे बच्चों को इस बारे में थोड़ा-बहुत बताते रहते थे। शुरू में मेरे ऊपर बहुत ज्यादा दबाव हो गया था फिर इसके बाद लगा कि नहीं, अब और अच्छे से परीक्षाओं की तैयारी करनी है। इसके बाद मैं पूरे मन से परीक्षाओं की तैयारी में लग गया। इसके कारण ही मैं स्नातक के अन्तिम वर्ष में पी.एस.सी. की प्रारम्भिक परीक्षा में पास हो पाया किन्तु मुख्य परीक्षा में असफल हो गया। फिर 2014 का सब-इंस्पेक्टर और पी.एस.सी. का परिणाम आया तो मेरा 2014 के सब-इंस्पेक्टर की लिखित परीक्षा और पी.एस.सी. की लिखित परीक्षा में चयन हो गया। लेकिन मैं इतना दुबला-पतला था कि मेरे साथ के लोग कहते थे कि तुम क्यों परेशान हो रहे हो, तुमसे यह सब नहीं हो पाएगा। तुम्हारा सीना ही नहीं फूलेगा। वे तुझे बाहर कर देंगे। लेकिन इसके बाद मैं बहुत डिप्स लगाता था। कसरत करता था।

2014 में जब मैंने सब-इंस्पेक्टर की परीक्षा दी थी तो मैं दौड़ लगाने जाता था। हमारे साथ कुछ और लोग भी जाते थे। जब मैं स्टेडियम में दौड़ लगाता था तो कई लोग बोले—अरे यार, ये लड़का क्यों दौड़ रहा है? ये तो बहुत दुबला है। ये कैसे होगा? मैं वाकई बहुत दुबला था और यहाँ तक कि जब मैं चयनित हो गया तो तब भी लोग कहते थे कि ये कैसे चयनित हो गया। खुद से मेहनत करके मैंने सीना निकाल लिया। लेकिन 2014 के जैसे ही फिजिकल था, उसी समय पी.एस.सी. की मुख्य परीक्षा भी थी। 2014 की मुख्य परीक्षा भी निकल गई और सब-इंस्पेक्टर का रिजल्ट भी 7 या 8 महीने बाद आया था। इसी बीच मैंने 2015 की मुख्य परीक्षा दी तो वह मुख्य परीक्षा भी पास हो गया और जब तक मेरा फाइनल सेलेक्शन

नहीं हुआ मेरिट में, तब तक मैं सब-इंस्पेक्टर की ट्रेनिंग करने लगा था और 2015 का रिजल्ट जब आया तब तक मैंने सब-इंस्पेक्टर की ट्रेनिंग भी पूरी कर ली थी। मेरी जबलपुर में पोस्टिंग हो गई थी। मेरी 8 अप्रैल को जबलपुर में पोस्टिंग हुई और 19 अप्रैल को पी.एस.सी. का रिजल्ट आ गया लेकिन पी.एस.सी. की ज्वाइनिंग में भी बहुत टाइम लगता है। 18 महीने के आसपास पुलिस विभाग में भी रहा हूँ।

हाँ, मैं 2016 तक ए.बी.वी.पी. के कार्यालय में ही रहा। फिर इसके बाद मैंने सब-इंस्पेक्टर से इस्तीफा दे दिया 2017 में और वहाँ से मैंने अक्टूबर में प्रशासनिक सेवा ज्वाइन कर ली लेकिन कार्यालय भी आता-जाता रहता था। वहाँ पर मुझे लाइब्रेरी से बहुत फायदा हुआ और अगर यह लाइब्रेरी नहीं होती तो मैं यह सब नहीं बन पाता। ये बिलकुल स्पष्ट बात है।

कार्यालय का माहौल तो एक मस्ती भरा माहौल होता था। इसके साथ ही हम लोगों में अनुशासन वाला माहौल भी होता था। जब मस्ती करनी रहती थी, तो मस्ती करते थे और जब बिलकुल अनुशासन में रहना होता था तो बिलकुल अनुशासन में रहते थे। ऐसा नहीं लगना चाहिए कि कार्यालय में कोई बाहर से आया है तो लगना चाहिए कि यहाँ लोग अनुशासन में रहते हैं। तो हम इस चीज का बिलकुल ध्यान रखते थे और जब मैं कार्यालय में आया था तो बस, दो लोग थे—कलिराम इवने जी और प्रान सिंह जी। दोनों लोग छात्र थे। वे मेरे साथ ही वहाँ आए थे। इसके अलावा राष्ट्रीय महामंत्री, ए.बी.वी.पी. बी.डी. शर्मा जी थे; मनोज रावत जी, प्रांत संगठन मंत्री थे। महानगर भोपाल के संगठन मंत्री थे विजय जी और प्रान्त कार्यालय मंत्री थे सी.एम. धाकड़ और विभाग संगठन मंत्री थे विमल तोमर भाई साहब।

लाइब्रेरी हमारे लिए 24 घंटे खुली रहती थी। जब भी लाइट जलाओ, पढ़ाई कर लो, यहाँ तक कि मैं तो सुबह चार बजे तक पढ़ता रहता था। वहाँ पर पढ़ने पर कोई प्रतिबन्ध नहीं था। जब थोड़ा-बहुत काम हुआ तो कर लिया करता था। जैसे कोई प्रोग्राम चल रहा है विद्यार्थी परिषद् का तो उसमें थोड़ी दिक्कत होती थी। क्योंकि न आप बाहर पढ़ पाओगे, न लाइब्रेरी में पढ़ पाओगे और लाइब्रेरी जो थी, वह कार्यालय की थी लेकिन ऐसे कार्यक्रम तो कभी-कभी होते थे। तो ऐसे समय पढ़ता था जब वहाँ कोई नहीं रहता था। लेकिन संगठन के लोग सदैव मुझे आगे बढ़ने और अच्छी परीक्षा देने के लिए प्रेरित करते रहे। यह संगठन की ही प्रेरणा थी कि मैं इंस्पेक्टर की नौकरी के बाद लगातार प्रशासनिक सेवा के लिए प्रयत्न करता रहा और हार नहीं मानी।

लाइब्रेरी का कुछ खर्चा तो ए.बी.वी.पी. ही उठाता था, कुछ आवश्यकता होती मुझे तो मैं भाई साहब (बी.डी. शर्मा जो अभी मध्य प्रदेश भाजपा के संगठन मंत्री हैं, उस समय विद्यार्थी परिषद् में थे) से ले लेता था। उन्होंने मुझसे कहा था कि जो हमारी प्राथमिकता है, उसका ध्यान रखना है। तुम पढ़ने आए हो तो कुछ बन के जाना है। एक तो मेरे घर वालों का कहना था कि तुमको ये तो करना ही है क्योंकि घर में बहन है, भाई है, घर भी बहुत खराब स्थिति में था। मेरे घर से आ जाने पर और भी ज्यादा दिक्कत हो गई थी क्योंकि घर पर अब बकरियाँ चरानेवाला कोई नहीं था। गर्मी में और रोज सुबह हम चरा लेते थे, शाम को कोई और ले जाता था, चाहे मम्मी चरा लेती थीं या पापा चरा लेते थे। मैं पढ़ने आ गया तो सब बिलकुल ही जीरो हो गया। बहनें अब बड़ी हो गई थीं तो वे अकेले बकरी चराने जा नहीं सकती थीं तो दादी की भी उम्र हो गई थी। दादी भी नहीं जा सकती थीं। 2010 में

यहाँ पढ़ने आने के बाद, 2011 में मेरे पापा ने बकरियाँ बेच दीं और छोटी बहन की शादी कर दी। बड़ी बहनों की तो पहले ही हो गई थी। लेकिन जो मेरी दो छोटी बहनें थीं, वे बेचारी गर्मियों में मेरे पापा के साथ बकरी चराने जाती थीं। और जब वे गर्मियों में जाती थीं तो मुझे रोना आता था कि यदि मैंने इनके लिए कुछ नहीं किया तो फिर कोई मतलब नहीं है मेरा इतना पढ़ने का। मैं घर पर ज्यादा रुकता भी नहीं था। मुझे घर की चीजें बहुत परेशान करती थीं। और जब बकरियाँ बिक गईं तो घर में कुछ बचा ही नहीं। जो मजदूरी में मिलता था थोड़ा-बहुत, वह भी मिलना बन्द हो गया। मैंने घर से कभी पैसा लिया ही नहीं। मुझे कार्यालय से ही मिलता था जो थोड़ा-बहुत, उसी से काम चला लेता था और कुछ छात्रवृत्ति मिल जाती थी—शायद यह हमारे लिए साल-भर का खर्चा होती थी, या जब तक भी चल जाए। कार्यालय में उतना खर्चा होता ही नहीं था। कॉलेज का ही खर्चा था और ज्यादा कुछ था नहीं। किताब कॉलेज की लाइब्रेरी से मिल जाती थी, कॉपी के लिए विजय जी से ही ले लेता था। उनसे मिल जाता था, कुछ स्कॉलरशिप से मिल जाता था तो स्कॉलरशिप से भी बहुत काम चल जाता था। जब पी.एस.सी. की प्रारम्भिक परीक्षा निकली तो दस से बीस हजार प्रोत्साहन राशि मिल जाती थी, तो उससे अगले साल तक मेरा काम चल जाता था। इससे कभी ज्यादा समस्या नहीं आई कि मैं कभी भाई साहब को परेशान करूँ।

हाँ, मुझसे जो दो बड़ी बहनें थीं, मैं उनकी शादियों में गया था और छोटी बहन की शादी में भी गया था। उसकी शादी मुख्यमंत्री विवाह सम्मेलन से हुई थी जो मध्य प्रदेश में शिवराज सिंह चौहान ने शुरू की थी। इसके लिए हर वर्ष सम्मेलन आयोजित किये जाते थे। इसके अन्तर्गत वैवाहिक जोड़ी को कुछ उपहार भी मिलते थे।

मैं अभी वित्त विभाग, मध्य प्रदेश में सहायक संचालक के पद पर कार्यरत हूँ। कार्य के दौरान विद्यार्थी परिषद् कार्यालय में सीखी हुई बातें लोगों के साथ कुशल व्यवहार स्थापित करने के साथ कार्य का उचित आउटपुट भी प्रदान करती हैं। इस प्रकार विद्यार्थी परिषद् ने न केवल कैरियर निर्माण में सहायता की है बल्कि मेरे व्यक्तित्व का निर्माण भी किया है। विद्यार्थी परिषद् से मैंने जो भी सीखा है, जीवन भर, भविष्य में भी मेरा जनसेवा-कार्य करने का प्रयास रहेगा।

नाम : धनराज हरियाले; **पिता :** श्री लोटन प्रसाद हरियाले; **माता :** श्रीमती रामवती बाई, गृहिणी; **जन्मस्थान :** ग्राम चारुआ, पोस्ट जहाजपुरा, तहसील रेहटी; **जिला :** सीहोर, मध्य प्रदेश-466445; **जन्मदिन :** 15 मार्च, 1992; **शिक्षा :** बी.एस-सी; **व्यवसाय :** शासकीय नौकरी; **कार्यरत संस्था :** सहायक संचालक, वित्त विभाग, मध्य प्रदेश शासन, भोपाल, मध्य प्रदेश।

पथरीली राहें और सागवान के फूल

आशा लकड़ा का आत्म-वृत्तान्त

मेरा नाम आशा लकड़ा है और मैं वर्तमान में राँची की महापौर हूँ। मैं अपने जीवन के कुछ अच्छे एवं बुरे क्षणों को आपसे साझा करना चाहती हूँ। मेरा जन्म गुमला जिला के चूहरु गाँव में एक साधारण परिवार में हुआ है। मेरे घर में मेरे माता-पिता, दादी, चाचा-चाची और उनके बच्चे शामिल थे। हमारा जीवन बेहद साधारण-सा था। मुझे ठीक से याद नहीं कि मेरा बचपन कैसे गुजरा। बचपन के बारे में घर के लोग मुझे बताते हैं कि मेरे पिताजी CRPF में एक सिपाही के तौर पर कार्यरत थे। उसी समय की बात है जब मेरी माँ बालपन में पिताजी के साथ मुझे गाँव से बाहर ले जाती थीं। उसमें तकरीबन मेरी उम्र लगभग एक साल रही होगी। उस समय मेरी माँ मुझे लेकर भारत-नेपाल की सीमा पर रह रही थीं। उस क्षेत्र में हमारी कोई जान-पहचान नहीं थी। उस जगह पर मेरे गाँव एवं आसपास के कुछ लोग अपना

रोजी-रोजगार हेतु काम कर रहे थे। वे सभी जब कभी समय निकालकर हम लोगों से मिलने आया करते थे, साथ में मिठाइयाँ भी लेकर आते थे। उस मिठाई को खाने के बाद अगले दिन के लिए मेरी माँ बास्केट में डालकर दीवार पर टाँग (लटका) देती थीं। सीमा पर रह रहे मेरे गाँव एवं आसपास के बड़े भैया लोग हम लोगों के पास आते थे। तब मैं उन लोगों को अपनी उँगली मिठाई रखी बास्केट (टोकरी) की तरफ दिखाकर इशारा करती और खाने के लिए माँग करती। उसमें जो कुछ खाने के लिए होता था, भैया लोग वही निकालकर दे दिया करते थे।

मेरा बचपन ज्यादातर नानी के यहाँ व्यतीत हुआ है। मेरा ननिहाल गुमला जिला के घाघरा प्रखंड में खटंगा गाँव है। हम लोग नानी परिवार में मेरी नानी, मौसा-मौसी और मेरी बड़ी दीदी एवं मौसी के बच्चे एक घर में एक साथ रहते थे। हमारा खाना-पीना-रहना सामूहिक होता था। घर के सारे काम सभी मिलकर करते थे। नानी के घर में जीवन-यापन खेती पर आधारित थी। खेती में धान (चावल), दलहन (उरद, कुरथी, अरहर, चना), तेलहन (सरसों, करंज, डोरी), अलसी (तीसी), मडुवा (रागी) एवं सब्जियाँ उगाई जाती थीं। नानी गाँव का जीवन बहुत ही आनन्दमयी रहा। वहाँ की आबोहवा एवं प्राकृतिक सौन्दर्य बहुत ही रमणीय था। घर के सामने आम का बगीचा था। कलकल करती अंडिया नदी, पास में स्टेट हाईवे से कहीं भी आवागमन की सुविधा थी और गाँव के एक किलोमीटर के अन्दर में एक प्राथमिक एवं उच्च विद्यालय स्थित है। यही कारण रहा कि हमें नानी के घर पर रहकर अपने स्कूली जीवन की शुरुआत करनी पड़ी। मुझे कुछ बातें याद आ रही हैं, उन्हें मैं आपको बताना चाहती हूँ। पहली-पहली बार स्कूल अपनी बड़ी दीदी

का पीछा करते हुए खाली बदन, खाली पैर ही दौड़ गई। बाद में मेरी दीदी मुझे डाँटने लगी और पिटाई भी करने लगी और कहने लगी कि खाली बदन (ठेठंगे) कहाँ चली आई, वापस जाओ और कपड़ा पहनकर आओ। उसके बाद मैं और मेरी ममेरी बहन (विद्यावती) फटे-पुराने कपड़े पहनकर स्कूल पहुँच जाती थीं।

मेरे स्कूल का नाम संतयुद्ध उच्च विद्यालय नवडीहा था, जहाँ मेरी प्रारम्भिक शिक्षा पेड़ के नीचे बैठकर शुरू हुई। वहीं एक बूढ़े 'फादर' थे, वही छोटी-छोटी गिट्टियों से ABCD और 1, 2, 3, 4, 5 पढ़ाते थे। उस स्कूल में छोटे बच्चों को पढ़ाने के लिए कमरे नहीं थे इसलिए हम लोगों को पेड़ के नीचे बैठकर पढ़ाई करनी पड़ती थी। मुझे थोड़ा-थोड़ा याद है, 26 जनवरी या 15 अगस्त रहा होगा। उसमें आसपास के गाँव के लोग भी झंडा फहराने के लिए स्कूल के मैदान में आते थे। वहाँ स्कूल में 'सिस्टर' लोग पढ़ाती थीं। मिशन का स्कूल था। मुझे देखकर 'सिस्टर' लोग बोलती थीं कि अमरावती (बड़ी दीदी), तुम्हारी बहन बहुत झगड़ालू होगी। इसी तरह स्कूल लाइफ चलती रही।

उसी समय, कुछ दिन बाद, मेरे छोटे भाई भुवनेश्वर भगत का जन्म हुआ। मुझे याद है कि मेरे भाई के जन्म के समय उसकी नाक और तालु का पूरी तरह विकास नहीं हो पाया था। इसकी वजह से माँ को बहुत ताने सुनने को भी मिलते थे। इसके उपरांत कुछ समय बाद मेरे मामा के घर में मामा की बेटी की शादी के लिए हाथ माँगने शहर से दो महिलाएँ आई थीं तो मेरे भाई को बिस्तर पर देखकर वह कहने लगीं कि ये बच्चा ठीक नहीं है। इसको किसी झाड़ी में फेंक देना चाहिए या त्याग देना चाहिए। तब उनकी बात को सुनकर मेरी माँ और दादी बोलीं कि आप लोग कैसे

इंसान हैं, जो बच्चे फेंकने के लिए बोल रही हैं? आप लोगों में ममता बिलकुल नहीं है? वे लोग कुछ नहीं बोलीं और चली गईं। उसके बाद मेरे माता-पिता एवं दादी ने सोचा कि अच्छे डॉक्टर से मिलना चाहिए। और डॉक्टर से मिलने के बाद डॉक्टर नाक, तालु एवं होंठ बनाने के लिए राजेन्द्र आयुर्वेदिक शोध संस्थान (अब (RIMS) राजेन्द्र इंस्टिट्यूट ऑफ मेडिकल साइंस) में ऑपरेशन से ठीक होने की सलाह दी। इसके बाद मेरे माँ-पिताजी ने छोटे भाई के नाक, तालु एवं होंठ बनाने के लिए रिम्स में भर्ती करवाया और कुछ जाँच कराने के बाद ऑपरेशन हो गया। ऑपरेशन होने के बाद ऑपरेशन थिएटर या रूम से बाहर निकलने के बाद भाई की नाक से खून (Blood) निकल रहा था, जिसे देखकर वहाँ के अटेंडेंट बोले कि इस बच्चे की नाक से जो खून निकल रहा है, उसको साफ नहीं करोगे तो बच्चा मर जाएगा।

दूसरे दिन मैं दूध की केटली लेकर हॉस्पिटल के किचन में दूध गर्म करने के लिए गई थी लेकिन वापस आ करके देखा तो मेरा भाई बेड पर उठकर बैठा हुआ है और ब्रेड खा रहा है। ऑपरेशन के बाद उसे बहुत जोरों की भूख लगी थी। बाद में पता चला कि तालु का जो ऑपरेशन किया गया था, वह सिलाई खुल गई। पुनः उसको दोबारा ऑपरेशन करवाना पड़ा। राजेन्द्र आयुर्वेद हॉस्पिटल (RIMS) के जिस डॉक्टर ने ऑपरेशन किया था, वे डॉक्टर रिम्स के सबसे बड़े डॉक्टर थे। और हाँ, रिम्स में सीनियर पोस्ट में कार्यरत एक मामाजी थे। इनका नाम गणेश भगत है। इन दोनों ने हमारी बहुत मदद की। हम गणेश मामा के घर में रहकर ऑपरेशन करवाए थे। क्योंकि उन दिनों राँची जैसी जगह में हमारे परिचित के बहुत कम लोग रहते थे। और भाई का ऑपरेशन इन्हीं के यहाँ रहकर सफल हुआ।

डॉक्टर भगवान का दूसरा रूप है। इसे मानवता का एक रूप कहेंगे कि मेरा भाई आज बिलकुल ठीक है और उनका विवाह शोभा भगत से हुआ तथा उनकी एक पाँच साल की बेटी तक्ष्या भगत और एक वर्ष का बेटा ज्ञानेन्द्र भगत है। दोनों ही तेज-तर्रार हैं। बेटी तक्ष्या राँची के प्रतिष्ठित दिल्ली पब्लिक स्कूल में पढ़ाई कर रही है। आप कहीं से भी थके-हारे आइएगा तो उनकी मुस्कान देखकर थकान दूर हो जाती है। दोनों की बातें सुनकर मन भाव-विभोर हो उठता है। दिन-भर के ऑफिस कार्य एवं फील्ड विजिट जैसे कार्यों के प्रभावों का पता ही नहीं चलता है। तक्ष्या की तो बात ही निराली है। हमारे सम्पर्क के सभी युवा, जैसे—विवेक, शशांक, संजय, चन्दन, सिद्धान्त, दुर्गेश और विशाल—सभी उच्च शिक्षा प्राप्त कर कोई जॉब कर रहे हैं तो कोई व्यवसाय के क्षेत्र में हैं। इन सभी को तक्ष्या अपना दोस्त बोलती है और बातें भी दोस्त जैसी ही करती है। किसी को भी, कभी भी, सुबह, दोपहर या शाम, जब मौका मिले, फोन नम्बर डायल कर बातें करती है। जैसे अपने दोस्तों से बात करने का मौका तलाशती रहती है, सुबह उठने के साथ या अपना क्लास खत्म होते ही फोन की घंटी घनघनाती रहती है। अपनी माँ शोभा भगत से अपने दोस्तों के लिए तरह-तरह के पकवान बनवाती है और अपने सभी दोस्तों को इनवाइट करती है, साथ ही सभी को नमस्कार/प्रणाम करती है। मन खुश हो जाता है, इतने छोटे बच्चों का व्यवहार देखकर जिसकी हम कल्पना भी नहीं कर सकते हैं।

सोचिए कि यदि उस दिन बच्चे को (मेरे भाई भुवनेश्वर भगत को) किसी झाड़ी में फेंक देते तो क्या होता? आज भाई में जो परिवर्तन आया है, वह ऑपरेशन एवं मेरी माताजी की दृढ़ इच्छाशक्ति के कारण ही सम्भव हो पाया है। उस समय के डॉक्टर बहुत ही बढ़िया सर्जरी करते

थे। अब आप मेरे भाई को देख करके नहीं कहेंगे कि इसका ऑपरेशन भी हुआ है। इस ऑपरेशन में व्यक्ति को नहीं, प्राण को महत्त्व दिया गया जिस कारण सभी लोग बच्चे से बहुत लाड़-प्यार करते थे, विशेष कर मेरे चाचा की बेटी सीता, भाई का काफी खयाल रखती थी। समय-समय पर खाना खिलाती और साथ-साथ खेलती रहती थी। मेरा भाई जन्म के समय से ही बहुत मोटा था लेकिन ऑपरेशन के बाद काफी दुबला हो गया। उसका भोजन ब्रेड और दूध था। खाना खिलाने में बहुत दिक्कत होती थी। एक चम्मच तालु की तरफ, तो दूसरे से ब्रेड-दूध खिलाते थे। साधारण बच्चे की तरह भोजन नहीं कर सकता था। पालन-पोषण के समय विशेष ध्यान देना होता था। आज यही प्रयास रंग लाया और अब वह सबका लाड़ला हो गया। किसी काम के लिए बोलिए तो हर समय उपस्थित/तत्पर रहता है। अगर उसे फेंक दिया जाता तो क्या होता? सोचकर मन विचलित हो जाता है। लोगों की कैसी-कैसी भावना रहती है, कल्पना से परे है।

हम तीन बहनें हैं। बड़ी बहन अमरावती कुमारी खखरी पहान आदिवासी उच्च विद्यालय, कोटाम में प्रधानाध्यापिका हैं। मैं स्वयं डॉ. आशा लकड़ा राँची नगर निगम, राँची में लगातार दो बार से महापौर (MAYOR) निर्वाचित हुई हूँ। छोटी बहन कृष्णा कान्ति भगत M.A., B.Ed, M.Ed तक की शिक्षा ग्रहण की और अभी-अभी विवाह हुआ है। हम सभी लोग बचपन से ही पढ़ाई-लिखाई में अच्छे थे। मैं आपको एक बात बताना चाहती हूँ। जब हम प्राथमिक विद्यालय में पढ़ते थे, उस समय मेरे शिक्षकगण मुझसे

पूछते थे कि आशा लकड़ा, आपका गाँव कहाँ है? गुरुजी लोग चुटकी लेकर यह बात पूछते थे, क्योंकि मेरे चचेरा मामा इसी स्कूल में शिक्षक थे। इसी कारण सभी शिक्षक को मालूम था कि मेरा गाँव कहाँ है पर मुझे तो ज्ञान नहीं था कि मेरा गाँव कहाँ है। क्योंकि मैं बचपन से ही नानी के घर में रह रही थी, इसलिए मुझको लगता था कि यही मेरा गाँव होगा। गुरुजी जब पूछते थे तब मैं तुनक के जवाब देती थी—मेरा गाँव खटंगा है। मेरा जवाब सुनते ही सभी शिक्षक एवं शिक्षिकाएँ काना-फूसी करते आपस में हँसते रहते थे। इस तरह की कई बातें हैं जो मुझे याद आ रही हैं। आप लोगों के साथ साझा कर रही हूँ। हम लोगों ने वहाँ रहकर कैसे पढ़ाई की है, वह बताती हूँ। सुबह 4:00 से 5:00 उठ जाना पड़ता था और ढेकी से धान कूटकर चावल निकालना पड़ता था तथा स्कूल जाने से पहले घर के बर्तन साफ करते थे, घर की सफाई करते थे, गोबर उठाना पड़ता था, तभी स्कूल जा पाते थे। शाम में स्कूल से आने के बाद खाना पकाने के लिए सूखू पत्ते और लकड़ी ढूँढ़ने जंगल जाना पड़ता था। मेरी नानी दीपा देवी रात और सुबह का खाना बना पाती थीं। ठंड के दिनों में जंगल से भोर में ही पत्ते लाने के लिए जाना पड़ता था ताकि बरसात के लिए जलावन इकट्ठा हो जाए। जंगल से लौटकर सारे काम निपटाने के बाद स्कूल जाना पड़ता था। हमें अभी भी याद है, गाँव में स्नान करने एवं कपड़े धोने के लिए नदी जाना पड़ता था—वह भी रविवार को, क्योंकि उस दिन स्कूल बन्द रहता था। जब मैं अपनी मौसी और दीदी के साथ नदी जाती थी, उस समय कपड़ा धोने का साबुन और छोटे सर्फ की पुड़िया लेकर जाते थे। खास कर बरसात के दिनों में नदी लबालब भरी रहती थी तब कपड़ा धोते-धोते साबुन गलती से नदी में गिर जाती थी। नदी में

अधिक पानी होने के कारण साबुन बह जाता था। ऐसे में मुझे दीदी और मौसी के द्वारा बहुत पिटाई मिलती थी।

गाँव होने के कारण शहर से सारा सामान खरीदना पड़ता था। सप्ताह भर का जरूरी सामान पास में लगनेवाले साप्ताहिक बाजार से लाना पड़ता था। क्योंकि सप्ताह में एक दिन ही बाजार लगता था इसलिए रविवार के दिन ही गाँव के अधिकतर लोग नहाने और कपड़ा धोने एवं साफ-सफाई का काम नदी में ही करते थे। सबके घर में एक ही तरह के साबुन होते थे। एक बार जब मैं नदी में कपड़ा धोने गई तो मैंने बाढ़ के पानी में साबुन डुबो दिया तब मुझे बहुत डाँट पड़ी थी क्योंकि साबुन डूब गया तो कपड़ा कैसे धुलेगा? गाँव में बड़ी मुश्किल से कोई भी चीज मिलती थी। अगर वह अचानक खो जाती है तो बहुत दिक्कत होती थी। साबुन डूब जाने पर मुझे डाँट या पिटाई खानी पड़ती थी।

और भी कई बातें मुझे याद हैं। गाँव में लोग खेती-बारी करते थे और खेतों में धान लगाया जाता था तो हमें भी खेत में खाद और बीज डालने जाना पड़ता था। धान के खेत में धान लगाने जाना पड़ता था तथा टाँड में उड़द की खेती होती थी तो उसमें से भी घास निकालने जाना पड़ता था। बरसात के दिनों में खेतों में प्राकृतिक रूप से खूब मशरूम (खुखड़ी) उग आते थे। हम लोग सुबह 5:00 बजे उठकर मशरूम ढूँढ़ने (उठाने) के लिए नदी की बाढ़ को पार करके जाते थे। नदी में गले तक पानी भरा रहता था। जबरजस्ती नदी पार होकर मशरूम ढूँढ़ने का खूब आनन्द आता था। ऐसे ही हमारे जीवन में अभाव में भी खुशी का माहौल था।

मुझे अपने स्कूल का पहला दिन भी याद है। स्कूल के सभी विद्यार्थी नया-नया स्कूल ड्रेस (यूनिफॉर्म) पहनकर आए। सिर्फ मैं ही अपने क्लास

में अपनी मौसी के द्वारा हाथ से सिलाई किया हुआ ड्रेस पहनकर आई थी। ऐसे ही 1 से 6 क्लास तक मेरी मौसी बाजार से कपड़ा खरीदकर लाती और फ्रॉक की सिलाई करती थी। मार्केट का बना कपड़ा नहीं पहन पाती थी लेकिन तब भी हम खुशीपूर्वक अपनी पढ़ाई करते थे। मन में कभी नकारात्मक सोच नहीं थी। शाम के समय पूरी निष्ठा के साथ काम करती थी और पढ़ाई के समय पूरा मन लगाकर पढ़ाई करती थी।

उन दिनों की बात है जब हम 'C' क्लास में पढ़ रहे थे और फर्स्ट (प्रथम) से एनुअल परीक्षा तक तीनों परीक्षा में एक्सीलेंट हुई। तभी मेरी योग्यता को देखते हुए हमारे कॉन्वेंट स्कूल की सिस्टर ने मुझे 'C' क्लास से 'A' क्लास में प्रोन्नति कर दी। क्लास 'C' से क्लास 'B' को लाँघकर 'A' क्लास में कर दिया गया है लेकिन मेरी बड़ी दीदी उसी स्कूल में नौवीं और दसवीं में पढ़ रही होंगी, मुझे उतना ध्यान नहीं है। मेरी दीदी को लगा कि एक क्लास पार करके ऊपर के क्लास में बैठा दिया गया है। दीदी को जो समझ में आया, उन्होंने मुझे 'A' से उठाकर 'B' क्लास में बैठा दिया। हमारे स्कूल की प्रिंसिपल सिस्टर ने मुझे 'B' क्लास से उठाकर 'A' क्लास में फिर बैठा दी। दो-तीन दिनों तक ऐसा ही सिलसिला चलता रहा, बाद में हार मानकर अन्ततः 'A' छोड़कर 'B' में ही बैठना पड़ा। हमारे स्कूल में नर्सरी और प्राइमरी न होकर C, B, A हुआ करती थी।

अपने स्कूल में मैं हर समय हर क्षेत्र में आगे रहती थी, चाहे पढ़ाई हो, खेल हो। खेल में जैसे—हॉकी, खो-खो, कबड्डी और फुटबॉल जैसे सभी खेलों में भाग लेती थी और मुझे राज्य स्तर तक खेलने का मौका

मिला। मैं पढ़ाई में भी अपने क्लास में फर्स्ट या सेकेंड आती थी। क्लास में पढ़ाई को लेकर वृंदा नाम के लड़के से competition हुआ करता था। उसके साथ 6th क्लास तक प्रथम श्रेणी और द्वितीय श्रेणी पाने की होड़ लगी रहती थी।

एक मजे की बात है, बचपन में कुछ नया करने की चाहत थी। मैं अपने क्लास की फर्स्ट मॉनिटर थी, तो सेकेंड मॉनिटर वृन्दा था। मॉनिटर के ष्व में क्लास में सभी छात्रों को हल्ला न करने की हिदायत देना ताकि क्लास में अनुशासन बनी रहे। हाथ में छड़ी लेकर टीचर की तरह घूम-घूमकर देखना। एक बार हम लोग माचिस की डिबिया में तार बाँध, उसे फोन बनाकर एक दूसरे से बात करते थे। उस पर गाना भी गाते थे। हम लोगों को लगता था कि तार से ही आवाज आ रही है। लेकिन फिर भी हमारे स्कूल में पढ़ाई का बहुत अच्छा माहौल था।

हमको तो पढ़ाई के साथ-साथ अपनी मौसी के बच्चों की भी देखभाल करनी पड़ती थी। बच्चों के अलावा घर का सारा काम भी करना पड़ता था। मेरी नानी बहुत बूढ़ी थीं, उनकी भी सेवा मुझे ही करनी पड़ती थी। मैं छोटी थी और काम बहुत अधिक। मुझे किसी भी काम को करने में बहुत मजा आता था। लोग मुझे कहते थे, तू नानी के घर में पढ़ने आई है या काम करने? सुनकर चुप रहती थी और सिर्फ अपने काम और अपनी पढ़ाई पर ही ध्यान रहता था।

मेरी नानी के गाँव खटंगा से दादी के गाँव चूहरु तक की दूरी 25 किलोमीटर है। हम लोग पैदल ही यात्रा करते थे। कभी-कभार बस में जाते थे लेकिन घर तक पैदल ही जाना पड़ता था। जब मैं 6th क्लास में थी तब मेरी माँ की तबीयत खराब रहने लगी। इसी बीच थोड़ा सुधार

हुआ और मेरी छोटी बहन कृष्ण कान्ति का जन्म हुआ। तब मैं कक्षा 6 में पढ़ती थी। मुझे थोड़ा-बहुत याद है, 1990 में जुलाई-अगस्त का महीना था, उसी समय मेरी माँ का देहान्त हो गया। बहन के जन्म के बाद लगातार माँ बीमार रहती थीं, बिस्तर से भी नहीं उठ पाती थीं, लगातार उनका इलाज चलता रहा, लेकिन फिर भी मेरे पिताजी उन्हें नहीं बचा सके। जिस समय मृत्यु हुई, तब मैं अपनी नानी के घर में रहती थी और वहाँ से स्कूल चली गई थी। मेरे गाँव में घर के सामने एक परिवार रहता था। उनके लड़के का नाम रमेश था। वह भी कक्षा 6 में ही पढ़ता था। मेरे पिताजी ने उसको सूचना देने के लिए मेरी नानी के घर भेजा। बेचारा भूखा-प्यासा साइकिल लेकर घर से निकलकर दो-तीन घंटे का सफर तय कर हम लोगों तक पहुँचा और मुझे देखते ही रमेश उतावला होकर बोल पड़ा, 'आशा, तोर माँएँ मोईर गेलक।' नागपुरिया भाषा में बोला कि 'आशा, तेरी माँ का देहान्त हो गया।' रमेश के अन्दर ऐसी कुछ भावना नहीं थी। हमको बताने में साधारण-सी बात लग रही थी, लेकिन यह कितना बड़ा घाव था, हम लोग ही समझ सकते थे। उस समय तो मुझको भी मालूम नहीं था, चलो, रमेश ने बता दिया, निर्भीक होकर सुन लिया लेकिन जब घर के अन्दर गई तब वहाँ देखा कि अन्दर मेरी मौसी और नानी घर के बाकी लोग भी फूट-फूटकर रो रहे थे। उन्हें देखकर मैं स्तब्ध थी। न ही मुँह से आवाज निकल रही थी, न ही आँख से आँसू। किसी तरह का कोई हलचल नहीं था शरीर में, बिलकुल शून्य सब पड़ा हुआ था। कुछ समझ में नहीं आ रहा था कि क्या हो रहा था। तब हम नानी के घर से अपने घर चले गए। जहाँ मेरी माँ का डेड बॉडी पड़ा हुआ था, उस जगह पर मेरी छोटी बहन लेटी हुई थी और मेरा छोटा भाई

(माँ के पास) उनके सर के पास बैठा हुआ था। इन दोनों को तो पता ही नहीं कि माँ अब इस दुनिया में नहीं हैं।

दिन बीतता चला गया और ऐसे ही माँ का श्राद्धकर्म समाप्त हो गया। घर में आए हुए रिश्तेदार धीरे-धीरे एक-एक करके अपने घर चले गए। अचानक ही जब घर खाली हो गया, तब एकाएक पता चला कि घर में माँ नहीं हैं। तब जा करके रोज के रोज मन माँ को ढूँढ़ता था। उस समय से परिवार का भार कैसे मेरे ऊपर आया, यह मैं ही जानती हूँ। उस परिस्थिति में छोटी बहन और भाई का पालन-पोषण और देखभाल भी करनी पड़ी। साथ ही घर का पूरा काम और स्कूल की पढ़ाई भी करनी पड़ी। विकट परिस्थिति तब थी जब अबोध नन्हे बच्चों को क्या खिलाना और क्या नहीं, यह मेरी समझ में नहीं आती थी। मैं भी तो 6th क्लास में पढ़ती थी लेकिन हिम्मत नहीं हारी, दोनों का पालन-पोषण पिताजी से मिलकर करती रही। सुबह-शाम-दोपहर का भोजन कैसे बनाकर खाते थे, मेरे पिताजी और हम ही जानते थे। इसके बाद से लगातार मैं अपने भाई-बहनों की देखरेख और अपनी पढ़ाई अपने गाँव में ही रहकर करने लगी। गाँव के लोगों ने तो यहाँ तक कह दिया था कि अब तो इसकी माँ मर गई, अब इसको कौन पढ़ाएगा? उस समय मेरे मन में एक अलग-सी भावना जागृत होने लगी। मैंने ठान लिया, चाहे मुझे खेत में ही काम क्यों न करना पड़े लेकिन अपनी पढ़ाई जारी रखनी है। कुछ दिन बीत जाने के बाद कठिन परिस्थिति को देखते हुए मेरे पिताजी ने मुझसे कहा, 'घर में बहुत काम है, बच्चों को भी देखना है इसलिए अपनी पढ़ाई छोड़ दो।' लेकिन मेरा

मन नहीं माना। चाहे लाख काम होगा, मैं अपनी पढ़ाई करूँगी और मैंने निश्चय किया कि आगे की पढ़ाई जरूर से जरूर करूँगी। मैंने उस समय बहुत मेहनत की। सबसे पहले तो अपने-आप को सँभाला, फिर अपने काम को सिलसिलेवार ढंग से करने के लिए दृढ़ निश्चय किया। सुबह 3-4 बजे उठकर घर का सारा काम, जैसे—खाना बनाना, बर्तन धोना, चूल्हा-चौका करना, साथ ही गोबर उठाना जैसे तमाम कामों को 6:00 बजे तक पूरा करना पड़ता था, फिर स्कूल के लिए बस पकड़ने के लिए बहुत दूर पैदल जाना पड़ता था। कोटाम से बस पकड़कर खरका तक जाना पड़ता था और खरका से दूसरी बस पकड़कर घाघरा जाना पड़ता था और घाघरा से 5 किलोमीटर पैदल चलकर नौडीहा जाना पड़ता था जहाँ मेरा स्कूल संतयुद्ध उच्च विद्यालय नौडीहा थाा। ईसाई मिशनरी स्कूल होने के कारण पूरा अनुशासन रहता था। समय पर स्कूल पहुँचना और समय पर ही स्कूल से छुट्टी होना। मेरे स्कूल में पढ़ाई सुबह 9:30 बजे से शुरू होकर शाम 4:00 बजे तक चलती थी। मुझे स्कूल में छुट्टी होने के बाद घर की बहुत चिन्ता रहती थी। जैसे ही स्कूल में छुट्टी होती थी, मैं स्कूल से निकलकर दौड़े-दौड़े घाघरा पहुँचती थी ताकि समय पर बस पकड़ सकूँ और अपना घर समय पर पहुँच सकूँ। लेकिन विडम्बना ऐसी थी कि कभी-कभी बस पहले निकल जाती थी, या फिर कभी आती ही नहीं थी। सभी प्राइवेट गाड़ियाँ थीं। उनकी अपनी मनमानी चलती थी। तो ऐसी परिस्थिति में बहुत पैदल चलना पड़ता था—खरका से कोटाम तक जाने के लिए भी। मुझे उधर भी 10-12 किलोमीटर पैदल चलना पड़ता था तब जा करके रात्रि 7-8 बजे घर पहुँच पाती थी और दिन-भर का बचा हुआ जो काम रहता था, उसको पूरा करती थी। तो फिर सुबह के लिए

भी चिन्ता होती थी। यह घड़ी लगातार चलती रही। स्कूल जाने से लेकर स्कूल से आने तक ऐसा ही क्रम चलता रहता था।

हाँ, तो एक दिन मेरे स्कूल के जो फादर थे, वे बोले कि आप इतनी देर से क्यूँ आती हैं? आपको हम स्कूल से निकाल देंगे। अब मुझे कुछ सूझ भी नहीं रहा था कि क्या बोलें तो मैं कुछ बोली तो नहीं लेकिन अपनी डायरी निकाल करके फादर को दिखा दिया। इसे पढ़ने के बाद वे कुछ नहीं बोले। और जब कक्षा 6 की परीक्षा आई तो मैं पास हो गई।

मुझे याद है कि मैं जब अपने स्कूल में ही थी तो मेरी नानी का घर भी नजदीक था और मेरी मौसी की बेटी लोग भी आती-जाती थीं लेकिन कोई मुझे पूछता नहीं था कि कैसे हो, खाना खाया या नहीं। सब टिफ़िन भी ले के आती थीं लेकिन मुझसे कुछ नहीं बोलती थीं। बस, जो गाँव के लोग बोले थे, वही गाँठ बाँधकर रख लिए थे। खाने के लिए मिले या नहीं मिले लेकिन पढ़ाई करनी है। यही सोच मैं पढ़ाई करती रही। इसी बीच मेरे पिताजी ने दूसरी शादी कर ली। उस समय मुझे लगा कि चलो, घर पर एक माँ है तो जब हम स्कूल से वापस आएँगे तो खाना भी मिलेगा और काम भी कम होगा। लेकिन स्कूल से आकर काम भी मुझे ही करना पड़ता था। और शाम को जब घर लौटती थी तो खाने के लिए कभी चावल तो कभी सब्जी नहीं होती थी तो कभी कुछ और। मतलब घर का माहौल बहुत असह्य हो चुका था।

इधर मैं मैट्रिक क्लास में आ गई थी। लेकिन घर के माहौल के चलते मेरा मैट्रिक भी खराब हो गया। उस समय इसके लिए मुझे बहुत दुःख हुआ। लेकिन दूसरी बार मैं अच्छे नम्बरों से पास हो गई। इसी बीच हम भाई-बहन,

दोनों को हॉस्टल में रख दिया गया। मेरी बहन को मेरी मौसी ले गई थी कि छोटे बच्चे को कौन देखेगा? इसलिए वह अपनी मौसी के घर रह रही थी। लेकिन लोग कितना भी अपनापन दिखाएँ, अपना अपना ही होता है और पराया पराया। यह मैंने बहुत नजदीक से देखा है। जिसका कोई नहीं है, उसको शायद ही कोई पूछता होगा। पिता ने दूसरी शादी कर ली, तो पिता से भी प्यार नहीं मिला। माँ का प्यार तो मुझे मिला ही नहीं। नानी घर में गई तो नानी का प्यार मिला लेकिन मौसी का प्यार पहले जितना मिलता था, वह घट गया।

जब मैंने मैट्रिक पास कर ली तो सब बोले कि पढ़ने के लिए राँची जाओ तो मैं राँची आ गई। तो राँची के महिला कॉलेज में मेरे मामा के सब बच्चे पढ़ते थे। मेरी नानी के घर में सब बच्चे पढ़ रहे थे लेकिन वे लोग कुछ भी नहीं बताते थे। राँची आने के बाद मैंने देखा कि राँची में जो महिला कॉलेज है, वहाँ लड़कियाँ मिनी स्कर्ट पहनती थीं। वे मिनी स्कर्ट के साथ हील चप्पल पहनती थीं और गहरी लिपस्टिक लगाती थीं। यह मुझे एकदम विचित्र-सा लगा तो मैंने कहा कि मैं यहाँ नहीं पढ़ूँगी। मैं पुराने ज़माने, पुरानी सोच वाले गाँव की थी तो मुझे राँची नहीं भाया और मैं वापस चली आई। वापस आने के बाद अपने ही गृह क्षेत्र कार्तिक उराँव कॉलेज, गुमला में मैंने एडमिशन करा लिया। एडमिशन कराने के समय भी किसी का साथ नहीं मिला—न मेरी दीदी साथ में गईं और न ही मेरे पिताजी।

गुमला में मेरी एक ममेरी दीदी थी और मेरे जीजाजी वहाँ सांख्यिकी विकास पदाधिकारी थे। दीदी साथ-साथ गई थीं। वे बहुत पढ़ी-लिखी नहीं थीं। कॉलेज में मैंने हिन्दी, अंग्रेजी, ज्योग्राफी, इतिहास, पॉलिटिकल साइंस और ऑफिस मैनेजमेंट विषय का चुनाव किया था। इन विषयों के

साथ मैंने आर्ट्स में एडमिशन ले लिया। एडमिशन के बाद वहाँ क्लास भी करती थी।

उस कॉलेज की संस्कृति थी कि कोई लड़की छोटा कपड़ा पहनकर नहीं आएगी, कोई लड़की जींस नहीं पहनेगी। इस कॉलेज में गाँव का परिवेश था। उसमें ढलने के लिए कोई लड़की या तो साड़ी पहनेगी, या सूट पहनेगी। कोई लड़का-लड़की साथ में एक पेड़ के नीचे नहीं बैठेंगे। वहाँ बहुत बड़ा बागान था और पेड़ के नीचे चबूतरा बना हुआ था। हम सब वहीं बैठते थे।

कॉलेज में एक हॉस्टल था। हॉस्टल में हमको इसी आधार पर प्रवेश मिला कि 'क्या तुम विनती-प्रार्थना जानती हो? ईसाई मिशनरी का गिरजा चलाना जानती हो?' यह सरकारी हॉस्टल था लेकिन वहाँ अनुशासन नहीं था। बैल-बकरी की तरह लोग रह रहे थे, यह मुझको कभी पसन्द नहीं आया।

हॉस्टल में गई तो साथ में मेरे जीजाजी थे। वे कुडुख भाषा (क्षेत्रीय भाषा) जानते थे और मेरे हॉस्टल की सिस्टर भी कुडुख जानती थीं। तो मेरे जीजाजी ने उनसे कुडुख भाषा में ही बात की और बोले कि हम सांख्यिकी विकास अधिकारी हैं। तो उनकी सिफारिश पर वहाँ मेरा एडमिशन हुआ था। उस हॉस्टल में एडमिशन होने के बाद न तो मेरी कोई माँ थी और न बाप। कोई साथ में नहीं आया और मैं स्वयं अपना सामान लेकर हॉस्टल में रहने आ गई।

हॉस्टल की जिन्दगी ऐसी थी कि सुबह आठ बजे खाने के लिए चावल मिलता था और फिर शाम छह बजे खाना मिलता था। ऐसा भी होता था कि कभी खाना खाए, कभी नहीं खाए और कॉलेज की स्थिति भी ऐसी ही हो गई थी, फिर भी छात्रावास में दो बार खाना मिल जाता था। लेकिन यह एक प्राइवेट हॉस्टल था इसलिए कुछ पैसा नहीं मिलता था बल्कि देना पड़ता था।

पैसा पिताजी ही दिया करते थे। वे केवल हॉस्टल फीस ही दिया करते थे, बाकी जेब खर्च वगैरह नहीं मिलता था। बाहर कुछ खाना ही पड़ा तो बहुत सोच-सोचकर खाना पड़ता था। लेकिन एक बात थी कि मैंने कभी चोरी नहीं की। पिताजी जो पैसे देते थे, उसी में सन्तुष्ट रहती थी।

इंटरमीडिएट करने के बाद अखिल भारतीय विद्यार्थी परिषद् (ए.बी.वी.पी.) के लोग मुझसे मिले। वहाँ एक वीणा नाम की कार्यकर्ता थी। अभी वह झारखंड इंटरकौंसिल में नौकरी कर रही है तो वीणा हमको जोड़ने के लिए ए.बी.वी.पी. में ले करके आई और ए.बी.वी.पी. की समरीता मैडम से मिलवाया। कार्तिक उराँव कॉलेज में क्षेत्रीय भाषा की विभागाध्यक्ष हैं, उनसे मिलवाई। वे ए.बी.वी.पी. के बारे में खूब बता रही थीं। यह 1999 की बात है। वे जो कुछ बता रही थीं, उसे मैंने एक कान से सुना और दूसरे कान से निकाल दिया। कितना ज्यादा बोलते हैं ए.बी.वी.पी. के लोग! उस समय संगठन मंत्री हुआ करते थे। संगठन मंत्री में एडवर्ड सोरेन जी और प्रदीप कौशिक जी, दो लोग थे। मुझे लगता है कि एडवर्ड सोरेन जी विश्वविद्यालय संगठन मंत्री और प्रदीप जी प्रान्त के सह-संगठन मंत्री रहे होंगे। एडवर्ड जी पुराने कपड़े पहने, पुरानी साइकिल पकड़कर कॉलेज-कॉलेज घूम रहे थे। तो हम लोग सोचते थे कि ये कैसे लोग हैं? इन लोगों को देखकर कोई भी साथ में नहीं आएगा। लेकिन मैं गलत थी।

कॉलेज कैम्पस में जो हमारी सहेलियाँ थीं, जब वे कहती थीं : देखो-देखो, विद्यार्थी परिषद् के लोग आ रहे हैं, तो उनको देख करके हम लोग छुप जाते थे लेकिन एक बार ए.बी.वी.पी. के लोगों ने अभ्यास वर्ग या ऐसी ही कोई बैठक रखी थी तो उस बैठक में आने के बाद आपस में सबका परिचय हुआ।

उस परिचय सत्र के दौरान गाना गवाया गया। वहाँ मुझे बहुत मान-सम्मान मिला। मुझे कभी ऐसा प्यार नहीं मिला था। कहना चाहिए कि हम सबको एक साथ में बैठाकर जो सम्मान ए.बी.वी.पी. ने दिया, शायद ही किसी ने दिया होगा। फिर मुझे पहला अभ्यास वर्ग करने के लिए पटना ले जाया गया। पिताजी ने मुझे पटना जाने के लिए 200 रुपये दिये थे। उस समय मेरी एक अलग सोच थी कि कुछ करना है। मेरे मन में था कि समाज के लिए कुछ करूँगी। समाज की सेवा करनी है, यह मन में था लेकिन समाज-सेवा कैसे करनी है, यह मैं नहीं जानती थी। तो पटना जाते समय प्रदीप कौशिक जी, मैं और समरीता मैडम, शिक्षक और छात्राएँ—सभी लोग थे। सब एक ही प्लेट से उठाकर खाना खा रहे थे। तो यह बात मेरे दिल को छू गई कि विद्यार्थी परिषद् ऐसा है जो एक थाली में सबको भोजन देता है, वह जूठा नहीं होता है। जब मैं पटना आई तो पटना और झारखंड तब एक ही था तो दक्षिण बिहार के बहुत लोग आते ही नहीं थे। अभ्यास वर्ग में पूरे उत्तर बिहार की लड़कियाँ थीं—मुजफ्फरपुर, पटना, सासाराम की लड़कियाँ ज्यादा थीं। उस समय दिलीप प्रसाद जी शायद प्रदेश अध्यक्ष थे और हरेन्द्र प्रताप जी राष्ट्रीय महामंत्री रहे होंगे। शायद उनका यह अन्तिम कार्यकाल रहा होगा।

विद्यार्थी परिषद् के अधिवेशनों ने मुझे बहुत प्रभावित किया। इसका जो पहला अधिवेशन था, उसमें बताया गया कि हम रामायण और महाभारत कितना जानते हैं। अपने इतिहास को कितना जानते हैं। सीता और राम को जानते हैं तो उनके परिवार को कितना जानते हैं। ये विषय हमारे सामने आए। तो विद्यार्थी परिषद् ने मुझे अपने अन्दर खींच लिया। इसका दूसरा अधिवेशन लखनऊ में था। जब लखनऊ में अधिवेशन था, उसमें मैंने पहली

बार भाग लिया। इतना बड़ा अधिवेशन जिन्दगी में मैंने कभी नहीं देखा था। अभी तक केवल अपना परिवार और स्कूल देखा था। स्कूल में जब खेलकूद का कोई कार्यक्रम होता था तो बहुत-से लोग आते थे। पंडाल बनता था, प्राइज डिस्ट्रीब्यूशन होता था। लेकिन नजदीक से भारत को देखने का जो मौका मिला, वह लखनऊ अधिवेशन था। यह 1999 की बात है। मैंने देखा कि ए.बी.वी.पी. में एक अनुशासन है। जब सीटी बजती थी तो सब लोग पंक्तिबद्ध खड़े हो जाते थे, अपना भोजन लेते थे और ख़त्म हो जाता था। मतलब यह एक अलग दुनिया थी जो मैंने पहले देखी थी। मेरे साथ में रंगनाथ सर, दिवाकर, एडवर्ड सोरेन जी, प्रदीप कौशिक जी, समरीता मैडम और बहुत सारे लोग और लड़कियाँ थीं। तो सभी गुरुजी लोग एक साथ भोजन निकालकर सबको दे रहे हैं, बाँट रहे हैं। रंगनाथ सर थे तो कभी हम लोग उठ करके कहीं चले गए तो कहते थे, 'ऐ, तुम लोग का माई-बाप नहीं है जो बिना पूछे चली जाती हो?' यानी कि डाँट पड़ती थी। वे अपनी बेटी जैसा डाँटते थे। मन में अच्छा लगा कि चलो भाई, जहाँ आए हैं, वहाँ भी एक परिवार है। मुझे याद है कि सुनीता जोशी थीं, उनका पैर टूटा हुआ था। प्लास्टर चढ़ाए हुए वे अधिवेशन का संचालन कर रही थीं। लक्ष्मीश्री दीदी थीं पटना की, उनका जन्म से ही एक पैर खराब था लेकिन फिर भी वे दौड़-दौड़ के काम कर रही थीं तो यह सब एक अलग अनुभव था जो दिल को छू जाता है। वहाँ शिक्षकों का जमावड़ा-सा लगता था। मैंने वहाँ लखनऊ में अखिल भारतीय छात्रा अभ्यास वर्ग किया था। उस छात्रा अभ्यास वर्ग में प्रमिला ताई मेढ़े आई थीं। मुझे याद है, उनकी बड़ी-सी बिंदी, गोरी-गोरी-सी, धोती वाली साड़ी पहनी थीं। कैसे एक महिला काम करती है, यह बात मेरे मन को छू गई। और ए.बी.वी.पी. में जब काम करने का मौका मिला, तब

से मेरे मन में यह था कि इससे अच्छी देशसेवा कोई हो ही नहीं सकती। घर की ओर जितना पलटकर देखेंगे, उतना ही दर्द होगा। हम बाहर निकलेंगे तो कहीं दर्द नहीं होगा। यही हमने विद्यार्थी परिषद् से सीखा। घर पर न रहते हुए भी किसी को पता तो नहीं चला लेकिन मुझ पर बहुत लोगों ने टिप्पणी की। मेरे घर के ही लोग बोले कि तुम कहाँ जाती हो? इतना झूठ क्यों बोलती हो? लेकिन मेरी मालती मौसी ने कहा कि चलो, पूरा परिवार चलकर वहाँ देखो। ए.बी.वी.पी. का अधिवेशन भी देखना और वैद्यनाथ धाम का दर्शन भी कर लीजिएगा। जब मेरी मौसी ने abvp को देखा तो खुश हो गईं।

इसके बाद मेरे घर वालों ने विद्यार्थी परिषद् का अधिवेशन देखा। मेरी मौसी ने मुझसे पूछा कि यहाँ कितने लोग आए हैं? मैंने बताया कि दो हजार। इससे मेरी मौसी को एक खुशी मिली कि मेरी बेटी इतने बड़े संगठन में काम करती है और सब लोग उल्टा-पुल्टा बोलते हैं। आज मुझे लग रहा है कि इतना बड़ा संगठन ये लोग कैसे खड़ा करते हैं? सीटी बजती है तो ये लोग अपने-आप लाइन में आ जाते हैं। जब मेरी मौसी पूजा करके आईं और आने के बाद पूरा अधिवेशन देखा, तो संगठन मंत्री राजीव भैया ने मौसी से पूछा कि पूजा करने नहीं जाइएगा? तो वे बोलीं, नहीं बेटा, अब इतने ज्यादा लोग का दर्शन हो गया, इससे ज्यादा दर्शन क्या होगा? यही तो असली पूजा है। कॉलेज में ए.बी.वी.पी. ने ही मुझे बदला। ए.बी.वी.पी. में आने से मुझे खुशी मिली। कहना चाहिए कि परिवार का प्यार मिला।

जितने दिन तक मैं परिवार के साथ रही, वहाँ बहुत उपेक्षित किया गया। यह मुझे अभी भी याद है। एक बार की बात है कि मेरी ममेरी बहन की शादी थी। बारात जाने के लिए एक ट्रक था तो मेरे बड़े वाले मामा की बड़ी बेटी ने अपनी बहन को ट्रक के आगे वाली सीट पर बैठा दिया और हम लोगों

को ट्रक के पीछे जो डाला होता है, उसमें चढ़ा दिया। तो हम लोगों ने वह दिन भी देखा है। आपसी भेदभाव देखा है कि आप इस रूम में खाना खा रहे हैं तो हमको उस रूम में घुसने नहीं दिया जाता था। आँगन में ही रहते थे। तो भेदभाव को बहुत नजदीक से मैंने देखा है और उतार-चढ़ाव वाली जिन्दगी बहुत देखी है।

काफी संघर्ष करने के बाद भी मैंने अपनी आगे की पढ़ाई लगातार जारी रखी और मुझे मेरी मंजिल मिलती चली गई। आज मेरी शिक्षा—MA, B.Ed, Ph.d तक हुई है। कुछ बातें मैं आपसे शेयर करना चाहती हूँ। जब मैं पीजी की पढ़ाई के लिए राँची यूनिवर्सिटी के पीजी डिपार्टमेंट ऑफ ज्योग्राफी में एडमिशन लिया, उस समय मेरे क्लास में जितने भी स्टूडेंट थे, सभी ग्रामीण क्षेत्रों से आए हुए थे। हमारे डिपार्टमेंट में एक गुरुजी थे जिन्होंने सिर्फ इंग्लिश ही पढ़ाते थे। हिन्दी में कोई लेक्चर ही नहीं देते थे, सिर्फ इंग्लिश में ही लेक्चर देते थे और मेरे क्लास में सभी स्टूडेंट बुद्धू की तरह मूकदर्शक बने बैठे रहते थे। 6 माह बाद मैं अपने क्लास में आई तब मैंने देखा कि क्लास में सभी हिन्दी भाषा-भाषी के छात्र फर्राटेदार अंग्रेजी का लेक्चर सुन रहे हैं। जिन्होंने कॉलेज में कभी इंग्लिश ही नहीं पढ़ी और पीजी में इंग्लिश का लेक्चर सभी छात्रों के सर के ऊपर-ऊपर सारे विषय समेटे चला जाता था लेकिन कोई कुछ नहीं बोलता था तो वह मुझे नागवार लगी और मैंने उस टीचर को टोक दिया, 'सर, इस क्लास में सभी स्टूडेंट हिन्दी भाषा-भाषी हैं। हिन्दी मीडियम से आए हैं। इंग्लिश समझ में नहीं आती है। कृपया आप इंग्लिश के साथ-साथ हिन्दी में भी लेक्चरर देंगे तो अच्छा रहेगा', तो प्रोफेसर ने मुझसे पूछा, 'ए लड़की, तुम्हें हिन्दी आती है?' तब हमने कहा, 'जी सर', तो सर ने क्वेश्चन किया, ''पल्लवी' का अर्थ

बताओ, 'भानुमति' का अर्थ बताओ।' सर को मैंने अच्छे तरीके से जवाब दिया, जिसके बाद सर को हमारी बात माननी पड़ी और पुन: हिन्दी और इंग्लिश, दोनों में लेक्चर देनी पड़ी। इस तरह से सर मुझसे प्रत्येक दूसरे दिन क्लास में एक क्वेश्चन पूछते थे और मैं जवाब देने के लिए तैयार रहती थी। दूसरे मुझे मजबूती भी मिलती गई और एग्जाम के लिए प्रीपेयर होती चली गई। 6 माह का छूटा हुआ कोर्स भी पूरा हो गया और मैं पीजी पास कर गई। ये सब बातें ए.बी.वी.पी. के माध्यम से सीखकर आई थी इसलिए यह कह पाई। क्लास में हमें कोई मदद नहीं करता था—न ही कोई नोट कॉपी देता था, न ही कोई बुक देता था और न ही कोई राइटर का नाम बताता था लेकिन मैं आवाज बन के खड़ी हुई तो लोगों ने मेरी मदद बहुत की। इस तरह से मेरी पीजी की पढ़ाई पूरी हो गई। क्लास के तमाम छात्र-छात्राओं का भला कर पाई। मुझे गर्व है कि मेरे जुनून ने ही मुझे ताकत बनकर खड़ा किया : यह अपना संगठन है जिसने प्रत्यक्ष-अप्रत्यक्ष रूप से मुझे सहयोग किया। मेरे घर में सिर्फ मैं ही नहीं, मेरी बड़ी दीदी अमरावती कुमारी खखरी पहान आदिवासी उच्च विद्यालय कोटाम, गुमला में प्रिंसिपल हैं। छोटा भाई कृषि के क्षेत्र में है। छोटी बहन M.ed तक की पढ़ाई पूरी की। इस तरह से कठिनाइयों में भी हम लोगों ने अपना एजुकेशन पूरा किया। देश के हर कोने में एक अलग-सा काम करने का अनुभव ए.बी.वी.पी. के माध्यम से प्राप्त हुआ है। मेरे लिए परिषद् में गीता ताई गुंडे, सुनील आम्बेकर जी, सूर्यनारायण सूरी जी, बी सुरेन्द्रन जी जैसे लोगों का मार्गदर्शन प्राप्त हुआ। इस तरह से कई छोटे-बड़े कार्यकर्ताओं से भी सीखने का अनुभव प्राप्त हुआ। मुझे विद्यार्थी परिषद् ने राष्ट्रीय अधिवेशन के समय अधिवेशन छात्रा प्रमुख और रेजुलेशन (प्रस्ताव) बनाने वाली टीम में रखा जाता रहा जो मेरे लिए

बहुत ही गौरव की बात है। परिषद् में रहकर कई ऐसे परिवार से मिलना हुआ जहाँ परिवार से मिलकर या कार्यकर्ता से मिलकर उनकी व्यथा और गरीबी देखकर दिल पसीज जाता था। इस तरह से परिषद् ने कई छोटे-बड़े अनुभव मेरे जेहन में भर दिया और मैं इसके लिए परिषद् को कोटि-कोटि नमन करती हूँ कि एक छोटे-से गाँव की लड़की को इतना ऊपर बढ़ा दिया और देश भर में एक परिचय बन गया। परिषद् के तमाम लोगों को मैं आभार व्यक्त करती हूँ कि मैं आपके कारण ही यहाँ हूँ।

मेरे जीवन का एक और भाग मुझे याद है जब मैं बी.ए. पार्ट 2 में पढ़ रही थी। तब नेहरू युवा केन्द्र, राष्ट्रीय पुनर्निर्माण वाहिनी प्रोजेक्ट आया था। उसमें मैंने इंटरव्यू दे करके सिलेक्ट हुई थी। साथ ही ट्रेनिंग पूरी करने के बाद लगातार दो वर्षों तक युवा-युवतियों और महिलाओं के बीच सेल्फ हेल्प ग्रुप (SHG) के गठन के साथ योजना बनाने और प्लानिंग करने का काम किया। नेहरू युवा केन्द्र में पहली बार पहला जॉब ₹1000 के मानदेय से शुरू किया जो मेरे लिए बहुत बड़ा आर्थिक सहयोग था। पढ़ाई के साथ परिषद् का काम, एन. वाई. के. का काम भी साथ में करती थी लेकिन मैंने पढ़ाई नहीं छोड़ी। ऐसे ही लगातार चलता रहा। बाद में मुझे मेरा काम देख करके जिला डीसी के माध्यम से स्वयं सहायता समूह को ट्रेनिंग देने के लिए इंटरव्यू कॉल किया गया जिसमें प्रशिक्षक के रूप में चयनित हुई। वहाँ प्रत्येक ब्लॉक में जाकर महिला समूह को ट्रेनिंग देनी पड़ती थी। प्रति क्लास ₹500 के हिसाब से राशि मिलती थी। इस प्रकार से परिषद् का प्रवास, मेरे आने-जाने का गाड़ी-भाड़ा, मेरे भाई-बहन का घर-खर्चा वहन कर लेती थी। जिला में भी काम करते समय कैसे महिलाओं को बैंक से जोड़ना है, कैसे उनको

अनुदान दिलाना है, लोन दिला करके कैसे उन्हें रोजगार से जोड़ना है—यह सब सीखने का मौका मिला।

उसके बाद 2010 में भारतीय जनता पार्टी में महिला मोर्चा की राष्ट्रीय मंत्री बनाया गया। जब मैं अपने प्रदेश में आई तो लोगों ने कहा कि 'इस लड़की को राष्ट्रीय मंत्री बनाया गया है। कहाँ-कहाँ से उठाकर लाया और राष्ट्रीय मंत्री बना दिया, ऐसे में कौन सम्मान करेगा?' यह कह करके कहीं भी सम्मान-समारोह आयोजन नहीं करने दिया गया। राँची के नामकुम क्षेत्र में कार्यक्रम का आयोजन किया गया था, वहाँ भी आयोजकों को डाँट सुननी पड़ी। इसी बीच मेरा विवाह राजेन्द्र धान जी के साथ सम्पन्न हुआ लेकिन वह भी नहीं चला। विवाह दो साल भी नहीं चला और उनकी नक्सलियों के द्वारा हत्या कर दी गई। मेरे लिए यह समय कष्ट का था। बहुत बड़ी ईश्वरीय परीक्षा ही थी। मैं 2012 से 2013 तक घर से बाहर ही नहीं आई। इतने सारे लोग होते हुए भी मुझे अकेलापन महसूस हो रहा था। मुझे लगता था, मेरी हर खुशी मुझसे छीनती जा रही है। मैं बहुत हताश-निराश हो गई थी। मुझे किसी भी काम में रुचि नहीं लगती थी। मेरे से मिलने आनेवाले तमाम लोग ABVP के हों, RSS के हों, या BJP के, जब आते थे तो मैं बहुत रोती थी। किसी से कोई बात नहीं कर पाती थी और आज सबके सहयोग से दोबारा खड़ी हो पाई हूँ और पुन: अपने काम में लग गई। पश्चिम बंगाल और दिल्ली जैसे प्रदेश की प्रभारी बनाई गई। दोनों प्रदेश में चुनाव के समय काम करने के कई सारे अनुभव प्राप्त हुए, कई आन्दोलन करने का भी मौका मिला। बंगाल से लेकर जम्मू तक तिरंगा यात्रा चली, उसमें भी

बंगाल के हाथी बागान से आन्दोलन की शुरुआत हुई। उसमें लाठी चार्ज भी हुआ, पत्थरबाजी भी की गई। ऐसे कई अनुभव प्राप्त हुए। विकट परिस्थिति में भी काम करने का मौका मिला। दूर दराज क्षेत्रों में महिला कार्यकर्ताओं का अभाव था। उन जगहों पर महिलाओं को खड़ा करने, उन्हें प्रवास करने के लिए सिखाना, चुनाव के दृष्टिकोण से सूची बनाना और उन्हें काम पर लगाना—यह एक अलग ही काम करने का तरीका था। एक बार दिल्ली में एक पदाधिकारी की बैठक हुई। उस बैठक में माननीय स्वर्गीय सुषमा स्वराज जी आई थीं। बारी-बारी से सबका परिचय हो रहा था तो मुझे भी मौका मिला। जब मेरा परिचय हो रहा था तो उन्होंने कहा कि बेटा, दुबारा परिचय देना और फिर मेरा गाँव पूछा और कहा कि गुमला तो मैं आई हूँ और उन्होंने तुरन्त स्मृति ईरानी जी को कहा—स्मृति, तुमने इस लड़की को पार्टी संगठन में जोड़ करके बहुत अच्छा किया। जब गंगोत्री ही बन्द हो जाएगी तो गंगा कहाँ रहेगी? उन्होंने मेरे लिए इन शब्दों का प्रयोग किया जो मुझे बहुत ही अच्छा लगा और मैं उनके इन शब्दों से उर्जान्वित हुई। इसी तरह मैं पार्टी संगठन का काम करती रही और आगे बढ़ती रही। आजकल राजनीतिक दल और छात्र संगठन के काम करने में जमीन-आसमान का अन्तर है। भारतीय जनता पार्टी, झारखंड प्रदेश में प्रदेश मंत्री की जिम्मेदारी दी गई, साथ ही महिला मोर्चा में प्रभारी बनाया गया। ऐसे ही विधानसभा और लोकसभा चुनाव में जिम्मेदारी मिली। लगातार जिम्मेदारियों का निर्वहन नि:स्वार्थ भाव से करती रही। कई लोगों से कई बातें भी सुनने को मिलीं लेकिन आँख को अन्धा और कान को बहरा कर सभी काम को तत्परता के साथ निभाती रही। उसके बाद 2014 में राँची नगर निगम के उपचुनाव में पहली बार चुनाव लड़ी और चुनाव में जीत हासिल हुई।

2014 नगर निगम चुनाव में एक नया अनुभव मैं आपके सामने शेयर कर रही हूँ। जब मुझे चुनाव लड़ने के लिए कहा गया था, उस समय मेरे पास तिनका भी नहीं था। ऐसी स्थिति में मेरे लिए चुनाव लड़ना बहुत ही कठिन था लेकिन ऐसी स्थिति में संगठन ने कहा कि आपको लड़ना ही होगा। मेरी स्थिति ऐसी नहीं थी कि मैं चुनाव लड़ सकूँ, मैं आर्थिक रूप से कमजोर थी, लेकिन इस संगठन ने मुझ पर विश्वास और भरोसा करके मेयर पद हेतु लड़ने के लिए राजी किया। लेकिन मेरे मन में तरह-तरह के नकारात्मक विचार आ रहे थे—कहीं मुझे चुनाव लड़ा कर हरा तो नहीं देंगे? चुनाव में कहीं पैसे की डिमांड तो नहीं करेंगे? ऐसी ऊहापोह में अपनी स्कूटी निकाली और बैठक की जगह से भाग गई। क्योंकि मुझे कुछ सूझ नहीं रहा था कि कहाँ जाऊँ, क्या करूँ। अचानक ही दिमाग में आया कि ST छात्रावास में जाकर छिप जाऊँ और वहीं छुपने चली गई ताकि संगठन के लोग मुझे खोज या ढूँढ़ नहीं सकें। लेकिन मेरी सोच गलत थी। संगठन के ही एक प्रमुख व्यक्ति ने मुझे फोन लगाया और मुझसे पूछा कि आप कहाँ हैं? मैंने बता दिया कि मैं आदिवासी छात्रावास में हूँ। उन्होंने सुनते ही कहा कि बैठक स्थान में फौरन पहुँच जाओ। मुझे आइडिया नहीं था कि प्रमुख व्यक्ति भी उस बैठक में पहुँचेंगे। मैं दोबारा बैठक स्थल पर पहुँची। उस समय अलग-अलग संघ, संगठन और पार्टी के 10-15 सीनियर पदाधिकारी बैठकर पूरी चर्चा करके नाम फाइनल कर चुके थे, सिर्फ मुझे ही हाँ कहना था। मैंने अपने आप को सँभालते हुए सभी के सामने एक ही बात कही कि चुनाव मैं एक ही शर्त पर लड़ूँगी कि मुझे चुनाव हारने के लिए नहीं, चुनाव जीतने के लिए लड़ना है।

इस तरह से मुझे चुनाव हेतु पूरी तैयारी करनी पड़ी और चुनाव के मैदान में उतर पड़ी। कई कठिनाइयों-परेशानियों के बाद उस चुनाव के मैदान में कुछ अपने लोगों के ही सामने चुनाव प्रचार करने हेतु झुकना पड़ा। कई लोगों से विनती करनी पड़ी। लोगों की तरह-तरह की वाणी सुन करके मन बहुत व्यथित हो गया। लेकिन फिर भी स्थिर मन और शान्त दिमाग से अपने आपको हिम्मत बँधाकर अपने ही लोगों को समझाने-बुझाने का काम किया। फिर जाकर लोगों में जोश उत्पन्न हुआ और मैं गली-गली, मोहल्ले-मोहल्ले, डोर-टू-डोर कैम्पेन करना शुरू किया और चुनाव जीत गई। एक कहावत याद आ रही है—एक अबला को सपोर्ट करनेवाला कोई नहीं होता है लेकिन जिसका कोई नहीं होता है, उसके लिए भगवान होते हैं। इसी सोच के साथ मैं अपने-आपको शनै-शनै आगे बढ़ाती रही। यही कठिन परिस्थिति मुझे बलवान और शक्तिशाली बनाती चली गई। अपने-आपमें एक हिम्मत आती गई।

मैं तो एक अनाड़ी थी। फाइल कैसे लिखें, क्या-क्या कार्य होंगे, मुझे मालूम ही नहीं था। मैं तो एक अबोध, अनजान थी। हिम्मत के साथ नगर निगम में गई। सामूहिक शपथ ग्रहण के बाद चेम्बर में जब मैं गई तो अपार खुशी थी। खूब गुलदस्तों का ढेर। कमिश्नर से लेकर सभी अधिकारी झुंड में मेरे चेम्बर पर मिलने आए। इसी तरह सभी जनप्रतिनिधि स्वागत करने के लिए गुलदस्ता लेकर आए। सभी खूब खुश थे। सभी का चेहरा चमक रहा था। सभी आत्मीयता ढंग से मिल रहे थे। समाज और संगठन के लोग बधाई देने के लिए ताँता लगा रहे थे, मानो पूरा कार्यकाल हँसी-खुशी रहेगा। लेकिन मेरी सोच बिलकुल गलत थी। दिन बीतता गया। ऑफिस में अपना काम शुरू किया। तब मुझे पहली बार लगा था कि मैं कहाँ आ करके फँस गई। यहाँ तो मेयर का काम कूड़ा-कचरा उठानेवाला या उठवानेवाला है।

मैं तो अखिल भारतीय विद्यार्थी परिषद् में कॉलेज विद्यार्थियों को जोड़ कर राष्ट्र के पुनर्निर्माण के लिए कार्यकर्ता निर्माण कर रही थी। बाद में राजनीतिक पार्टी भारतीय जनता पार्टी में कार्यक्रम और प्रवास कर जनता को जगाने का काम कर रही थी। मुझे क्या पता कि प्रशासनिक विभाग में कई अलग-अलग कार्य होते हैं लेकिन कार्यों की समीक्षा और मीटिंग का संचालन करने के लिए abvp में ही मुझे सिखा दिया गया था, इसका मुझे लाभ मिला। इसलिए कहते हैं कि कोई काम छोटा या बड़ा नहीं होता। सीखने के लिए ऐसे संगठन में हर छात्र को अपनी लाइफ का पहला चरण रखना चाहिए। अखिल भारतीय विद्यार्थी परिषद् जैसे छात्र संगठन से जुड़कर अपने-आपको गढ़ने का काम करना चाहिए ताकि अपने मुश्किल समय में भी कैसे वह अपने-आपको मजबूती प्रदान कर सके, यह सीखने को मिलता है।

जब मैं पहली बार नगर निगम परिषद् की बैठक में भाग लेने के लिए गई तो उस बैठक की पीठासीन पदाधिकारी होने के नाते मैंने सबका स्वागत और अभिनन्दन किया और बैठक शुरू करने का निर्देश दिया। बैठक में मानो ऐसा लगता था—न कोई नीति, न कोई सिद्धान्त। पूरी मीटिंग मछली बाजार लगने लगी। पहली मीटिंग थी इसलिए मैं भी शान्तिपूर्वक सभी को Watch कर रही थी। बारीकी से सभी को देख रही थी। सभी को परखने का काम कर रही थी, लेकिन मैंने अपने संस्कार से अगली मीटिंग में नया सिस्टम बना दिया—हॉल में प्रवेश कर सबसे पहले राष्ट्रगान करना, फिर सभी का स्वागत करना, एजेंडों पर बात करना, फिर अन्यान्य विषय मेरी (mayor) अनुमति से लाना। अगर किसी को कुछ विषय रखना है तो पहले लिखकर दे दे ताकि मीटिंग में रखने में आसानी हो। पहले मछली बाजार

जैसा माहौल था, उसे नियम व कानून बनाकर कंट्रोल किया और वार्ड के अनुसार बोलने के लिए अनुमति दी। इस तरह से राँची नगर निगम परिषद् मीटिंग को सुधारने का जो पहला बीड़ा उठाया, वह सफल रहा।

मैं अपने 2014 से 2018 तक के कालखंड की कुछ बातें आपसे शेयर करना चाहती हूँ। जब मैं महापौर बन के पहली बार नगर निगम में गई तो लोगों के बीच में कई गलतफहमियाँ क्रिएट की गई थीं कि आशा लकड़ा जो मेयर है, वह तो आदिवासी है। निगम में वह तो सिर्फ सो-पीस ही रहेगी। कुछ कहने और करने का नॉलेज तो है नहीं, सारा काम हम सभी लोगों को ही करना है। MAYOR तो यहाँ कुछ नहीं कर पाएगी। बहुत सीधी है, गाँव की रहनेवाली है। ये बातें उस समय सुनने को मिल रही थीं। जब मैं पुरानी होने लगी और कई गलत कामों को रोकने लगी तथा बिगड़े कामों को बनाने लगी तब कई पदाधिकारियों के मुख से यह सब बातें निकल रही थीं।

अब निगम में हर काम को सूझ-बूझ के साथ, कानून का पालन करते हुए, टीम के रूप में करने लगी थी। 30-35 विभाग की विधिवत् बैठक करना एवं नये तकनीक को अपने कॉरपोरेशन में लाना मेरी पहली जिम्मेदारी थी। हमारे साथ कई नगर आयुक्त ने भी काम किया और आज अपने शहर में ई-गवर्नेंस बहाल किया। जैसे ऑनलाइन बर्थ और डेथ सर्टिफिकेट बनाना और ऑनलाइन टैक्स जमा कर पाना। जनता इसका लाभ ले इसलिए जनता को सुविधा देने के लिए। जनता देश-विदेश, कहीं भी रहे, समय के साथ ऑनलाइन टैक्स जमा कर पाए, घर का नक्शा भी ऑनलाइन पास करना, विकास कार्य के लिए ई-टेंडर का प्रावधान करना ताकि भ्रष्टाचार खत्म हो सके, बाबूगीरी काम को खत्म करना इत्यादि।

इस तरह से राँची नगर निगम का विकास लगातार होता चला गया। रोड, नाली, गली, led light, तालाबों का सौन्दर्यीकरण, गरीबों का आवास, फुटपाथ दुकानदारों के लिए बड़ा मार्केट, चौक-चौराहे पर हाईमास्क लाइट—ऐसे अनेक काम मैंने खुद गली-गली घूमकर करवाने शुरू किए और आज राँची की स्थिति बहुत ही रमणीय हो गई है।

राँची के बारे में मैं आपको बताना चाहूँगी कि राँची शहर के अन्तर्गत लगभग 300 से अधिक स्लम बस्तियाँ, झुग्गी-झोंपड़ी, गरीब, असहाय, राँची के मूल निवासी, आदिवासी समाज के लोग, जैसे—उराँव, मुंडा, खड़िया, संथाल, हो ऐसे विभिन्न जनजाति के लोग निवास करते हैं। इनकी स्थिति देख करके आँख में आँसू आ जाते हैं लेकिन हमने उन लोगों के घर तक जा करके योजना और प्लान बना करके उन लोगों तक तमाम विकास योजना को पहुँचाने का काम किया। महिलाओं का स्वयं सहायता समूह (SHG) बनाकर शहरी आजीविका मिशन के माध्यम से रोजगार देने का काम किया। कई इलाके में तो लोगों ने कहा—आजादी के बाद पहली बार जनप्रतिनिधि और अधिकारी पहुँचे हैं और साथ में योजना भी लाए हैं। इस तरह से राँची की जनता का प्यार मुझे मिलता गया और मेरी ताकत बढ़ती गई।

मैं और एक बात बताना चाहती हूँ। झारखंड में नगर निगम और पंचायत का चुनाव मेरे जन्म के बाद कभी हुआ ही नहीं। जब पहला चुनाव 2008 में किया गया तो लोगों को मेयर (महापौर) क्या है, नगर निगम क्या है, ये किसी को जानकारी नहीं थी। 2008 में जो पहली मेयर बनी थी, वह नोट फोर वोट (NOTE FOR VOTE) कांड में जेल चली गई। उसके एक साल बाद 2014 में मैं उपचुनाव जीतकर आई। तब से राँची की जनता के साथ मेरा समन्वय जगह-जगह पर पॉकेट बैठक करना, कहीं चाय पर

चर्चा, कहीं पर चलते-चलते सब्जी-भाजी बेचनेवाले, चाय की दुकान में खड़े होकर बातचीत करना और साफ-सफाई के बारे में चर्चा करना रहा है। अगर कोई फोन करते थे और मिस्ड कॉल करते थे, उनको कॉल बैक करना और उनके कार्यों को पूरा कराना, जगह-जगह पर जनता दरबार लगाना और छोटे-छोटे कामों को फोन पर on the spot shɔrt out कराना, लोगों के दुख-दर्द में सहभागी होना, कई लोगों के शादी-विवाह में समाज के प्रमुख लोगों से सहयोग करवाना, विद्यार्थियों के लिए स्कूल-कॉलेज में दाखिला करवाना, घर के झगड़ों को निबटाना, कोई भी छोटे से छोटे—बड़े से बड़े लोगों के लिए निगम ऑफिस या घर के ऑफिस में सहज रूप से मिलना और उनकी समस्याओं पर त्वरित कार्रवाई करना—इन सब कार्यों को देखकर जनता खूब आशीर्वाद देती है। इस तरह से राँची नगर निगम क्षेत्र के अन्तर्गत आम लोग मेयर को जानने लगे, पहचानने लगे। मैंने महापौर और उनके कार्यों को धरातल पर उतारकर जन-जन तक छाप छोड़ी। नगर निगम के कोई भी अधिकारी किसी व्यक्ति या आम जनता का काम नहीं करते और टाल-मटोल करते हैं तो जनता तुरन्त उनकी शिकायत मेरे पास कर देती है।

आम जनता की शिकायत सुनने के लिए टोल-फ्री नम्बर शुरू किये और आम जनता की हर समस्या का समाधान टोल-फ्री के माध्यम से भी ऑनलाइन होने लगा। इस तरह से आम जनता के काम आसानी से होने लगे।

नगर निगम में इतना भ्रष्टाचार भरा हुआ था कि किसी भी विभाग के पदाधिकारी फाइल तक नहीं दिखाना चाहते थे। येन केन प्रकारेण राँची की जनता के राजस्व का दुरुपयोग किया जाता था। अधिकारियों के मन में जो अच्छा लगता था, वही करते थे और चार-पाँच पार्षदों को पैसे से

खरीदकर बैठक में हंगामा करवाते रहते थे और लगातार मेरे कार्यों से सारे अधिकारियों को तकलीफ होती थी क्योंकि मैं सच्चाई का उजागर डंके की चोट पर करती थी। इस तरह से ब्यूरोक्रेट को नियम-कानून के तहत काम करवाती थी। इसलिए मुझे राँची नगर निगम में कई समस्याओं का सामना भी करना पड़ा।

एक बार की बात है, जब मैं टेंडर कमेटी की अध्यक्ष थी। उस समय ब्यूरोक्रेट ने गलत जानकारी देकर किसी व्यक्ति की फाइल रोकने के नाम से हाई कोर्ट में मेरे खिलाफ P I दर्ज कराई गई और दूसरे दिन प्रिंट मीडिया में छपा कि मेयर सशरीर कोर्ट में उपस्थित हों। मैं भी पूरी तैयारी के साथ कोर्ट में उपस्थित हुई। कोर्ट में स्थिति उल्टी हो गई। फाइल तो नगर आयुक्त और चीफ इंजीनियर ने दबा करके रखी थी। जीत मेरी हुई और अधिकारियों को मुँह की खानी पड़ी। कहते हैं न, 'सत्य परेशान हो सकता है, पराजित नहीं'। इसी तरह के कई कठिनाइयों का सामना मुझे करना पड़ा था।

2018 में दूसरी बार महापौर का चुनाव लड़ी तो पहले चुनाव से तीन गुणा अधिक वोट लाकर विजय प्राप्त हुई। दूसरी बार में तो खेल ही अलग तरह से खेला गया। सरकार ने निगम में ACB (Anti Corruption Bureau) को भेजकर काम में बाधा उत्पन्न करना चाहती थी। यह सिर्फ एक जगह की बात नहीं है, यहाँ कई नगर निगम में ACB की टीम को भेजा गया। कारण कि राज्य में सरकार बदल गई। मैं तो भारतीय जनता पार्टी से चुनाव लड़ी थी, इस तरह झारखंड के अधिकतर नगर निगम में महापौर/उपमहापौर भारतीय जनता पार्टी से जीतकर आए थे और 2018 में सरकार झारखंड मुक्ति मोर्चा (JMM) की बनी। सरकार नगर निगम में डरा-धमकाकर पैर जमाना चाहती थी। इसलिए सरकार बनते ही एक माह

के अन्दर में ACB को भेजकर निगम के कार्यों को बाधा पहुँचाने का काम किया लेकिन हमने भी निगम में काम पारदर्शिता (Transprancy) के साथ किया है इसलिए मुझे बहुत हिम्मत मिली! ACB नगर निगम के अलग-अलग विभागों में घूम रहे थे और पूरे नगर निगम में सन्नाटा पसरा हुआ था। जब मैं निगम पहुँचकर अपने चेम्बर में गई तो मेरे आदेशपाल ने बताया कि ACB की टीम नगर निगम में घूम-घूमकर जाँच कर रही है। उससे सभी अधिकारी भयभीत हो गए थे। मैंने कार्यालय अधीक्षक (OS) को बुलवाया और पूछा कि ACB के लोगों ने आपको अपना कोई परिचय बताया? तो उन्होंने कहा, नहीं। तभी मैंने कार्यालय अधीक्षक से कहा, कौन-से फ्लोर में हैं, उन्हें बुलाकर लाइए। लेकिन वे डर गए और बुलाने नहीं गए। उस जगह पर मैंने अपने निजी सहायक प्रेम कुमार मुंडा को ACB की टीम को बुलाने के लिए भेजा। मुंडा ने तुरन्त उन्हें मेरे चेम्बर में लेकर आया। ACB की टीम से मैंने कई सवाल पूछे, उनका जवाब निरुत्तर था क्योंकि निगम एक स्वतंत्र इकाई (Autonomous Body) है, इसलिए कोई भी जाँच करने से पहले महापौर या कमिश्नर से अनुमति लेना आवश्यक है। मैंने यह भी पूछा कि आपके पास जाँच का कोई आदेश लेटर है तो दिया जाए? विडम्बना ऐसी थी कि उनके पास ऐसा कोई लेटर नहीं था जिससे वे निगम में जाँच कर सकते थे। वे बार-बार गिड़गिड़ाते रहे कि जाँच करने दें लेकिन हमने उन्हें अपने चेम्बर में ही रोककर रखा। न तो उनके पास जाँच का कोई आदेश लेटर था, न ही किसी प्रकार से घूस लेने की सूचना थी। ACB को सरकार ने नगर निगम में डर पैदा करने के लिए भेजा था। जब हमने उनसे चिट्ठी माँगी तो उन्होंने अति गोपनीय से गोपनीय पत्र मेरे हाथ में थमा दिया। वह पत्र नगर विकास विभाग, झारखंड सरकार के सचिव

का पूरा हृदय में उतार के उसको जीवन में उतारने का प्रयास करने वाले, कुछ चुनिन्दा लोगों में अनिकेत भी था। बुद्ध-वन्दना जो रोज अपने हृदय से पालते हैं और लोगों को पालने की प्रेरणा देते हैं, इस तरह का उसका व्यवहार था जो स्वयं भी अच्छा व्यवहार करता था और दूसरों को भी अच्छा व्यवहार करने के लिए कहता था। अनिकेत द्वारा किये जाने वाले बहुत-से कार्य पूर्णकालिक कार्यकर्ताओं के जीवन का हिस्सा हैं जैसे कि वह छोटी-छोटी चीजों का हिसाब भी रखता था। अनिकेत ने जब से प्रवास करना, स्कूल में जाना शुरू किया तब से लेकर अभी तक जितने समय वह घर में रहा, उसके सारे टिकट, प्रवास के टिकट, ट्रेन के टिकट, गाँव को गया है तो उसका टिकट और उसमें हुए सारे खर्च का हिसाब वह छोटी-छोटी डायरी में लिखकर रखता था। उसकी माताजी कह रही थीं—'यह सारी डायरियाँ मैंने अभी तक देखी भी नहीं हैं। वह सारी मेरे पास हैं, बैग में हैं और सारा सिलेबस, जैसे पाँचवीं, सातवीं, आठवीं की सारी किताबें अपने भाई या किसी व्यक्ति को देने के लिए वह इन सबको सँभालकर रखता था। जब जिसको जिस पुस्तक या नोट्स की जरूरत होती थी वह उसे दे देता था। लोग अध्ययन करने के बाद उसे वापस लाकर दे देते थे, फिर वो अगले किसी को दे देता था। यह जो उसके मन में आगे बढ़ने और बढ़ाने की ललक थी, वह उसके व्यवहार में प्रारम्भ से ही थी। वह इस बात की चिन्ता करता था कि वह कैसे लोगों की सहायता कर सकता है।'

अनिकेत अच्छा गायक और सुन्दर वाद्य बजानेवाला था। ढोलक या बोंगो बजाना वह बहुत अच्छे तरीके से जानता था। अनिकेत अच्छा शाहिर बन

सकता था। शाहिर मतलब, हमारे मराठी में जो राग वगैरह गाते हैं—एक ऐसा व्यक्ति। अनिकेत की गायकी बहुत ही अच्छी थी। उसकी एक विशेषता थी कि जो गीत संघ या परिषद् का उसको अच्छा लगता, वह उसे सुनता और जो उसे अच्छा लगता, उससे जाकर वह मिलता और वह गीत ले लेता। उसे वह याद करता, दिल से याद करता। चाहे वो राष्ट्रीय कार्यकारी परिषद् हो या किसी भी तरह की बैठक हो, उसमें जो पहले गीत गाया जाता है, उनमें से अनिकेत कुछ चन्द लोगों में अंकित रहता था।

अनिकेत एक उभरता हुआ सितारा था जिसने बहुत ही कम समय में अपने प्रकाश से सभी को आलोकित किया। जो भी उससे मिला, वह उससे प्रभावित हुए बिना नहीं रहा। मैंने जब इस पुस्तक के लिए पात्रों से बात करनी शुरू की तो पहले दिन उसने अपनी कहानी सुनाई थी। बीच में कोरोना आया और हमारा मिलना नहीं हुआ। कोरोना की पहली लहर के बाद जीवन जब पटरी पर आना प्रारम्भ हुआ तो एक झरने के पास हुई दुर्घटना में अनिकेत की मृत्यु हो गई। मगर बहुत कम समय में अनिकेत ने न केवल बहुत से लोगों को प्रभावित किया अपितु प्रेरित भी किया। अपने व्यक्तिगत दुःख को सहते हुए, कोरोना के विकराल रूप के दौरान किया गया सहायता कार्य किसी भी के लिए प्रेरणादायी हो सकता है।

नाम : अनिकेत गौतम ओव्हाळ; **पिता :** श्रीमान गौतम ओव्हाळ, श्रमिक कामगार; **माता :** श्रीमती शोभा गौतम ओव्हाळ, बृहन्मुम्बई महानगर निगम कर्मचारी; **जन्मस्थान :** मुम्बई; **जिला :** मुम्बई; **जन्मदिन :** 26 अक्तूबर, 1988; **शिक्षा :** एम.ए., राज्यशास्त्र, M.Sc. Computer Science, B.Sc. (मुम्बई विद्यापीठ)।

को लिखा गया था। इस तरह से मैंने उन्हें 5 घंटे तक अपने चेम्बर में ही रोककर रखा। ऐसी कई घटनाएँ हैं जो लगातार मुझे डराने के लिए सरकार के माध्यम से की जाती रहीं।

फिलहाल की अगर मैं बात करती हूँ तो राँची ही नहीं, पूरे झारखंड में सरकार की कुव्यवस्था के कारण, कानून को ताक में रखकर, दुर्भावना से ग्रसित होकर, जनप्रतिनिधियों (महापौर/अध्यक्ष) को परेशान करने के लिए इस तरह के कदम उठाए जा रहे हैं, जबकि नगर निगम को संचालित करनेवाले झारखंड नगर पालिका के अधिनियम-2011 में महापौर को तमाम एजेंडा, बैठक की अध्यक्षता करना, समीक्षा बैठक करना और फाइल निष्पादन करना जैसे बहुत सारे अधिकार दिये हुए हैं। लेकिन झारखंड में हेमंत सोरेन की सरकार में विद्वान महाअधिवक्ता (एडवोकेट जनरल) ने कानून के खिलाफ एक महापौर की ताकत को अधिनियम से गलत ही बता दिया। उन्होंने अपने मंतव्य में मेयर की ताकत को ही खत्म कर दिया। राज्य में बैठे अधिकारी ने इस मंतव्य को कानून मानकर पूरे राज्य के ULB नगर निगम, नगर पंचायत और नगर परिषद् को सर्कुलेट कर दिया और कह दिया कि सारी ताकत नगर आयुक्त को है।

ऐसे ही कई बार मुझे कई समस्याओं से जूझना पड़ता है लेकिन मैं अपने सूझ-बूझ से जनता का कार्य कर रही हूँ और संविधान का पालन करते हुए नियम संगत कार्य कर रही हूँ। यह बात मैंने abvp में कार्य करके सीखा। हमारे समय में कई ऐसे सुदूर इलाके थे जहाँ से विद्यार्थी आते थे। उनसे सम्पर्क रखने के लिए कार्यकर्ताओं के घरों तक कभी पैदल तो कभी गाड़ी चढ़कर जाना पड़ता था। हम कई कठिन परिस्थिति में भी संगठन का काम करने में विश्वास रखते थे।

हमने तो प्रवास के दौरान कुछ ऐसे घरों को भी देखा है, जहाँ रात में खाने को न तो रोटी थी, न ही चावल। उस समय बेसन का हलवा खाकर रात गुजारी है। गरीबी में भी राष्ट्रभक्ति दिखाई देती है। मैं बचपन की और एक बात शेयर करना चाहती हूँ। जब मैं 5-6 क्लास में पढ़ रही थी, उस समय अपनी नानी के घर में रहती थी। तब मेरे एक मामा ने फोटो खिंचाने के लिए परिवार के सभी लोगों को बुलाया था। फोटो खिंचाने की कतार में मैं भी खड़ी थी। मैं उस दिन कत्था रंग का फ्रॉक पहने हुई थी। उन्होंने मेरा हाथ पकड़ करके बाहर कर दिया और बोले कि तुम्हारा फ्रॉक गन्दा है, तुम फोटो नहीं खींचा सकती हो।

एक समय की बात है जब मैं अपने गाँव चूहरु से स्कूल आना-जाना करती थी। उस समय खरका से चूहरु तक चलते समय रास्ते में एक पंडित जी का घर पड़ता था। उनके बेटा का नाम महावीर था। पैदल जाते समय जब प्यास लगती थी तब हम महावीर की माताजी से पानी माँगकर पीते थे, इसलिए कि महावीर की माँ आते-जाते हम लोगों को देखती थीं और बोलती थीं नागपुरिया में, 'बेटी, आईज पानी नई पीबा?' हम भी बोलते थे, 'नहीं मांय, देरी होवथे।' ऐसे ही खरका में जहाँ पर बस के लिए इन्तजार करते थे, वहाँ भी उस घर में तीन बेटियाँ थीं—अनीता, सुनीता और मीरा। उन्हीं के घर में बैठकर बस का इन्तजार करते थे। उनकी बेटियाँ झाल-मूढ़ी, चना, मटर और इडली बेचा करती थीं। कभी-कभी स्कूल से लौटते समय गाड़ियों की बन्दी हो जाती थी या गाड़ी चलाने की रोक लगी होती थी, तब हम रात में उन्हीं के यहाँ रुकते थे। रात में रुकने से बहुत डर लगता था लेकिन सुरक्षा के दृष्टिकोण से उन्हीं का घर ठीक था। रात भर बैठ करके सुबह करना पड़ता था। उनके यहाँ सोने के लिए बाँस की बल्ली (टटरा)

बनी हुई थी। उसी पर एक चारपाई डाल दी गई थी। ऐसी कई घटनाएँ हैं जिनसे मुझे जूझना पड़ा है। इन कठिनाइयों का सामना करते हुए अपनी पढ़ाई भी जारी रखी।

एक बार मैं कॉलेज में साथ पढ़ रही सहेली के घर गई, तब मैं ए.बी. वी.पी. में काम करती थी। घर जाने में मुझे देर हो गई और मेरी सहेली के यहाँ रुकना पड़ा था। उस दिन सहेली के घर में चिकन बना था। मुझे देख करके उनके बड़ों ने कहा कि जिस-जिस दिन हम लोगों के घर में चिकन या मछली बनती है, उसी दिन आशा हम लोगों के घर आती है। यह सुनकर मुझे बहुत बुरा लगा और मैं उस दिन से चिकन और मछली खाना छोड़ दिया।

एक समय की बात है, पिकनिक का समय था। सभी विद्यार्थीगण पिकनिक के लिए नेतरहाट जा रहे थे। सभी लोग नया-नया ड्रेस पहने हुए थे। सिर्फ मैं ही अकेली स्कूल ड्रेस में थी। किसी ने मुझे टोक दिया—आशा, तुमने दूसरा कपड़ा क्यों नहीं पहना? यहाँ एक केमिस्ट्री की टीचर थीं। उन्होंने मेरे बोलने से पहले ही सभी विद्यार्थियों के बीच कह डाली, 'रहेगा तब न पहनेगी।' यह बात आज भी मेरे दिल को कचोटती है।

आज मैं आपको जो कुछ भी बता रही हूँ, वह सभी मेरे जीवन के कुछ अप्रिय, कुछ दुखद और कुछ सुखद पल को बताने की कोशिश है। जो मुझे मोटी-मोटी याद है, वही शेयर कर रही हूँ। भगवान न करें कि किसी और को मेरे जैसे दुख दें। इस समय मैं बहुत खुश हूँ क्योंकि पूरे घर-परिवार में सभी लोग अपने-अपने जीवन में सेटल हैं। मेरी एक ही चिन्ता थी छोटी बहन की शादी की लेकिन अब वह भी सम्पन्न हो गई। अब मेरे साथ भाई-भाभी, उनके दोनों बच्चे, इनके अलावा भाभी की बहन और साथ में दो बच्चे रहते हैं। साथ ही साथ नगर निगम में काम करते समय रहे मेरे सहयोगी कुशेश्वर साहू,

प्रेम, विवेक, मेरा बॉडीगार्ड मंतोष और मेरा चालक महावीर—सभी मिलकर अपने कार्य को खुशीपूर्वक निर्वहन कर रहे हैं।

गाँव में मेरे पिताजी, मेरी बड़ी दीदी, मेरे पिताजी की दूसरी पत्नी और उनकी बेटी रह रहे हैं। इस तरह से मेरे टूटे हुए परिवार को मैंने एक सूत्र में बाँधकर रखा है।

अपनी कलम से—

धन्यवाद!

नाम : आशा लकड़ा; **पिता का नाम :** हरी चरण; **माता :** स्व. जैमन्यी देवी; **शिक्षा :** बी.ए., बी.एड., एम.ए.; **वर्तमान दायित्व :** राष्ट्रीय मंत्री, भाजपा, मेयर, राँची।

ऐसे होते हैं नायक

अनिकेत की स्मृति को समर्पित

अनिकेत की कहानी एक तरीके से अधूरी है। सभी पात्रों के साथ अनिकेत ने भी अपनी कहानी हमें सुनानी शुरू ही की थी कि कहानी के मध्य में कोरोना के कारण अन्तराल आया, उसका उसने न केवल स्वयं सामना किया अपितु धारावी के हजारों लोगों को बचाने और सुरक्षित करने हेतु संघर्ष भी किया। कोरोना की पहली लहर के बाद, एक दुर्घटना में अनिकेत हम सबसे बिछुड़ गए। ऐसे समय इस कहानी को और उनके जीवन को उनकी माताजी, यदुनाथ और सुधाकर मिश्रा ने हमारे सामने रखा इसलिए उनकी कहानी का कुछ हिस्सा उन्होंने सुनाया, कुछ माताजी ने, कुछ यदुनाथ ने और कुछ सुधाकर ने।

आज अनिकेत हमारे मध्य नहीं है मगर उनकी यादें हमारे बीच में हैं। अनिकेत की मृत्यु सन् 2020 में महाराष्ट्र में ही प्रवास के दौरान, एक जल प्रपात में डूबने से हो गई। उनकी स्मृतियाँ हम लोगों के साथ विभिन्न रूपों में हैं। यदुनाथ तब मुम्बई आए ही थे और अभी भी उन्हें अनिकेत से हुई

वह मुलाकात ज्यों-की-त्यों याद है। वह 2012 में मुम्बई आए ही थे तभी उन्हें गुरु पूर्णिमा का उत्सव कराने की जिम्मेदारी, संगठन द्वारा दी गई। उत्सव को ज्यादा दिन नहीं बचे थे इसलिए उनका लक्ष्य था कि ज्यादा से ज्यादा लोगों से मिला जाए और उन्हें उत्सव के लिए सूचना दी जाए। उन्हें मध्य मुम्बई नाम की एक इकाई को भेजा गया था, उन्हें बताया गया था कि मुम्बई में वडाला स्थित डॉक्टर बाबा साहेब अम्बेडकर महाविद्यालय में एक छात्र आपसे मिलेगा और उस समय वो छात्र कौन है, क्या है, यह सब उन्हें नहीं बताया गया था। चूँकि वह मुम्बई के लिए नये थे तो वह उस छात्र से मिलने और कार्यक्रम के निमित्त उससे सहायता लेने के लिए गए। वह बताते हैं कि जब मैं वहाँ जाकर मिला तब अनिकेत की जो छवि मेरे मन में आई वह कॉलेज के एक मस्तमौला ('Cool Dude' ऐटिट्यूड वाला) लड़का जो कॉलेज में सभी गतिविधियों में भाग भी लेता है और पढ़ाई भी करता है। ऐसा लड़का जो अपने मित्रों के साथ हमेशा खड़ा भी होता है। ऐसी छवि उस मुलाकात के बाद मेरी उसके बारें में बनी। उसने मुझे अपने सारे अध्यापकों से मिलाया। गुरु-पूजन का हमने जो कार्ड बनाया था, वो हमने सभी अध्यापकों को दिया और तब पहली बार मेरी अनिकेत से मुलाकात हुई। यदुनाथ बताते हैं कि उनकी छात्रों, विशेषकर कॉलेज के छात्रों के बारे में अनेक प्रकार की छवि थी जो अनिकेत से उस मुलाकात के बाद बदल गई—'अनिकेत से उस पहली मुलाकात के बाद जो मैंने सीखा वह यह था कि किसी की वेश-भूषा से हम उसके विचारों का अनुमान नहीं लगा सकते हैं। अनिकेत के बारे में यह बात सभी को मालूम थी कि वह अच्छा और सदैव सकारात्मक कार्यों में लगा रहने वाला लड़का था। इस तरह अनिकेत से मेरी पहली मुलाकात कभी न भूलनेवाली मुलाकात थी।'

यदुनाथ को अनिकेत का नाम राजू चौहान ने दिया था जो उस समय मुम्बई महानगर के महासंगठक थे। अनिकेत के परिवार में उनके माताजी, पिताजी और उनके छोटे भाई थे पर बचपन से उनका जो लालन-पालन हुआ था, वह उनकी नानी के यहाँ ज्यादा हुआ था। महाराष्ट्र में सामाजिक बदलाव की जो एक मूवमेंट चली, उस सामाजिक आन्दोलन के बदलाव में दलित अम्बेडकर विचार को आगे लेकर जाने के लिए बहुत सारे लोगों ने जो काम किए, उनमें से एक उनकी नानी भी थीं। अनिकेत बचपन से ही डॉ. बाबा साहेब अम्बेडकर के विचारों को बेहतरीन तरीके से आगे ले जानेवाली अपनी नानी के साथ थे। यदुनाथ बताते हैं कि वास्तव में जब उनका पहली बार अनिकेत के घर जाना हुआ तो उन्हें पता चला कि वह घर वास्तव में उनके मामा का घर था। वहीं पर अनिकेत ने उनकी मुलाकात अपने मामा और मामी से करवाई मगर मामा-मामी के घर और उनके अपनत्व को देखकर उन्हें लगा कि वह घर अनिकेत का ही है। यदुनाथ आगे बताते हैं—'इस मुलाकात के बाद अनिकेत जहाँ वह रहता था, वहाँ मुझे लेकर गया। इस बात का तात्पर्य इतना ही है कि अनिकेत का अपने माता-पिताजी जैसा ही लगाव अपने मामाजी के साथ, मामीजी के साथ और नानीजी के साथ था। अनिकेत के ननिहाल के लोग भी अनिकेत को अपने बच्चों की तरह ही मानते थे। उनका अपने मामा के साथ जैसा सम्बन्ध था वैसा आत्मीय सम्बन्ध मैंने बहुत कम लोगों का अपने मामा के साथ देखा है। उनके मामाजी का परिवार एक प्रगतिशील परिवार। ऐसा परिवार जो कम संसाधनों में भी अपने परिवार को अच्छे संस्कार देने में विश्वास करता था।'

अनिकेत के परिवार के किसी सदस्य का सम्बन्ध पूर्व में संघ, विद्यार्थी परिषद् या किसी अन्य संघ परिवार संगठन के साथ नहीं था। महाराष्ट्र में

सामाजिक परिवर्तन की जो हवा चली उसने समाज के सभी वर्गों को साथ लिया। अनिकेत की नानी इस बदलाव के साथ चलने वाले प्रारम्भिक लोगों में से थीं। इस प्रकार अनिकेत का परिवार डॉ. बाबा साहेब अम्बेडकर के प्रारम्भिक अनुयायियों में से था। अनिकेत का परिवार महापरिनिर्वाण दिवस के अवसर पर होने वाले कार्यक्रमों में प्रत्येक वर्ष बड़े उत्साह से भाग लेता था। अनिकेत का बचपन इन कार्यक्रमों में हिस्सा लेते, शिवाजी पार्क जाते गुजरा था। इस प्रकार अनिकेत का परिवार सामाजिक कार्यों से सक्रिय रूप से जुड़ा हुआ था यही कारण है अनिकेत को भी सामाजिक कार्यों को करने और सामाजिक सरोकारों से जुड़ने में कभी कठिनाई नहीं हुई।

अनिकेत का जन्म मुम्बई में हुआ। मगर अनिकेत का गाँव, महाराष्ट्र के मराठवाड़ा के वीड़ जिले में है । मूलत: अनिकेत का परिवार मारथावाड़ा से है लेकिन बहुत साल पहले इनका परिवार मुम्बई आ गया था। अनिकेत के पिताजी निर्माण क्षेत्र में काम करते थे और अपने कार्यक्षेत्र के नजदीक ही लाल डोंगर चेम्बूर क्षेत्र में उन्होंने एक घर ले लिया और तब से वहीं रहने लगे।

अनिकेत की माताजी बताती हैं कि अनिकेत के जन्म से पूर्व ही वह चैतन्य और आनन्द की अनुभूति कर रही थीं और इसी आनन्द से वह अपने होने वाले संतान की प्रतीक्षा कर रही थीं। अनिकेत के जन्म से ही सबको यह महसूस हुआ कि यह बहुत भाग्यशाली संतान है। अनिकेत के जन्म के बाद से उसके परिवार में बहुत से रुके कार्य, पूरे हो गए। इसके कारण अनिकेत का परिवार में आना बहुत ही सकारात्मक घटना मानी गई। अनिकेत के मामा और मामी अनिकेत को बहुत प्यार करते थे यही कारण है कि अनिकेत का ज्यादातर समय मामा और मामी के साथ बीतता था। अनिकेत की माताजी, म्यूनिसिपल कॉरपोरेशन में आरोग्य सेविका थीं। अनिकेत जब छोटा था तो

उसकी माताजी, उसे उसके मामा के पास या आजी के पास यानी नानी के पास छोड़कर जाती थीं और दिन-भर काम करके वापस आती थीं अनिकेत मामी के साथ इतना घुल-मिल गया कि उसको वह मामी ही आई लगती थीं।

जैसा कि अक्सर होता है कि जब घर पर बहुत सारा प्यार मिलता है तो उसका प्रभाव व्यक्तित्व पर पड़ता है ऐसा कुछ अनिकेत के साथ भी हुआ। अनिकेत की नानी, अम्बेडकर पर काम करनेवाली महिला थीं उनके साथ अनिकेत ने अपना बचपन बिताया। अनिकेत केजी से हाईस्कूल एक ही स्कूल में गुजारा। स्कूल से सम्बन्धित एक रोचक कहानी अनिकेत की माताजी ने बताई। हुआ यूँ कि अनिकेत की कक्षा में निकेत गौतम नाम का एक छात्र था। दोनों के पिताजी का नाम भी एक ही था। इसके कारण अध्यापिका को लगता था कि या तो दोनों भाई हैं या जुड़वाँ हैं। वे दिखते भी एक जैसे थे। अनिकेत जो था, वह बिलकुल किसी की सुनता नहीं था—इधर-उधर करना, उसको मार, इसको मार। छोटे से बच्चे में जो नटखटपन होता है, वह अनिकेत में भी था। मैडम बोलती थीं कि तू अपने भाई निकेत को देख, वह कितना शान्त बैठता है। एक बार अनिकेत की माताजी को मैडम ने बुला लिया और उनसे पूछते हुए कहा कि अरे आपका जो दूसरा बेटा है न निकेत, वह बहुत शान्त है, लेकिन अनिकेत बहुत ही परेशान करता है मुझे। तो माताजी चौंक पड़ीं कि कौन-सा निकेत? निकेत नाम का तो मेरा कोई बेटा ही नहीं है? तो मैडम बोलीं—नहीं-नहीं, वह है न निकेत गौतम। तो माताजी बोलीं—नहीं-नहीं, वह मेरा बेटा नहीं है। इस पूरे वाकये में उनकी बहस हो गई। ऐसे ही मजाक-मजाक में अनिकेत को उसकी माताजी डाँटने लगीं तो अनिकेत मामा के पास

गया और कहा कि यह मुझे डाँट रही हैं; आप मैडम को जाकर समझाइए कि वह मुझे डाँटें नहीं। 'मैं उनकी सब बात मानूँगा। मैं कुछ नहीं करूँगा स्कूल में ऐसा' और उसने मामा द्वारा अध्यापिका को बुलवाया कि अनिकेत अब भविष्य में शैतानी नहीं करेगा। इस प्रकार की संवेदनशीलता और नेतृत्व की भावना उसमें बचपन से ही थी। अनिकेत की नानी जब गाँव जाती थीं तो नानी को कितने रुपये का पेंशन आता है? कहाँ सारी पूँजी जमा की है? कहाँ उन्होंने बीमा किया है? कहाँ बचत चल रही है? यह सारे विषय अनिकेत चौथी कक्षा से सँभालता था। नानी उसको सब कुछ बताती थीं। उन्हें सँभालना, प्यार करना, शुश्रूषा करना, कुछ खराब हो रहा है, उनको तकलीफ हो रही है तो ठीक करना—यह सारा काम अनिकेत पाँचवीं-सातवीं-आठवीं तक करता था। यह सारे कार्य करते-करते उसने नानी को बहुत करीब से देखा था। यदि नानी को कुछ हुआ है और उनको इंजेक्शन लेने जाना है या डॉक्टर के पास दवाई लेने जाना है तो नानी के साथ जाना, आदि। नानी भी अनिकेत के सिवा किसी और के साथ जाती नहीं थीं। ऐसे अनिकेत के बचपन की यात्रा देखते हैं तो लगता है कि वह हर भूमिका के लिए सर्वोत्तम था। ऐसा कहा जाता है कि नेता (नेतृत्व) को कोई बनाता नहीं है, वह जन्म ही ऐसा लेते हैं तो इस प्रकार से अनिकेत का जीवन था। वह माताजी का भी लाड़ला था, मामाजी का भी लाड़ला था, पिताजी का भी लाड़ला था, नानीजी का भी लाड़ला था, दादीजी का भी लाड़ला था और केवल लाड़ला ही नहीं था अपितु उनकी सेवा करना, शुश्रूषा करना, जो अच्छा है, वह करना; जो नहीं चाहिए, वह देखना—यह सारी चिन्ता करना। जब नानीजी वृद्धावस्था के कारण अस्पताल में भरती हुईं तो हॉस्पिटल में जाकर शुश्रूषा करना, 4 दिन वहाँ उनके बाजू में खड़ा रहना, मुश्किल से दो समय भोजन करना और उनके साथ ही रहना और

नानी के देहान्त के बाद भी सभी प्रक्रियाओं में वह रहा। अनिकेत की माताजी का मानना है कि उसने जो नानीजी की सेवा की उसी का प्रभाव अनिकेत के जीवन और विचार पर रहा। नानी का आशीर्वाद उसके साथ सदैव रहा।

अनिकेत, नानी के देहान्त के बाद ए.बी.वी.पी. के सम्पर्क में आया। अनिकेत की माताजी के कहने के अनुसार, अनिकेत एक ऐसा घर का सदस्य था जो घर में, सभी लोगों को एक उत्तर के रूप में मिलता था। जैसे कि कोई भी फोन करे माताजी को तो सबसे पहले पूछता था कि अनिकेत कहाँ है? वो ठीक है? पहले नानी की और बाद में आगे की हालचाल की चीजें पूछते थे। इस प्रकार उसके व्यक्तित्व का आकर्षण था। बातें बनाना, उसके व्यक्तित्व में नहीं था। अनिकेत से बात हुई है तो या तो वह हल ढूँढ़ेगा या हल ढूँढ़ने का प्रयास करेगा। वह केवल घर में ही नहीं अपितु गली के बच्चों, हमउम्र के लोगों की चिन्ता करना, उन्हें प्रेरित करना, उसकी दिनचर्या का हिस्सा था। वह केवल वस्तुओं की ही नहीं अपितु व्यक्तियों की भी सँभाल करता था। यह सँभाल केवल संगठन या परिवार तक सीमित नहीं थी अपितु उसका दायरा समाज तक था। जो भी उसके सम्पर्क में आता था, वह उससे प्रभावित हुए बिना नहीं रहता था। छोटों को ही नहीं अपितु घर के बड़ों की भी वह उसी प्रकार से चिन्ता करता था जैसे मामाजी को बताना, मम्मी को बताना, काका को बताना, चाचा को बताना, सबको बताना। यदि उनसे गलती से कुछ गलत हुआ है या हो रहा है तो उसे ठीक करने के लिए कहना और करने का प्रयास करना। अनिकेत यह सारे कार्य प्रेरित होकर करता था। उसे लगता था कि सही कार्य करने से ही परिवार को सन्तुष्टि मिलेगी।

अनिकेत के विद्यार्थी परिषद् से जुड़ने और प्रमुख कार्यकर्ता बनने तक, उसको हर कदम पर उसके परिवार का सहयोग मिलता रहा। अनिकेत के

माता-पिता का सदैव यह कहना रहता था कि तुम अच्छा कार्य कर रहे हो और तुम्हें ये लोग अच्छा कार्य करने के लिए कह रहे हैं तो तुम्हें यह कार्य करना चाहिए। यही कारण है कि अनिकेत के माता-पिता उसके साथ, संगठन में आगे बढ़ने और किसी भी निर्णय को लेने में सदैव साथ रहे। संगठन की इस यात्रा में अनिकेत के मामाजी भी उसके बहुत ज्यादा सपोर्ट में रहे। क्योंकि अनिकेत के परिवार में मामाजी के माध्यम से ही बहुत सारी चीजें होती थीं। अनिकेत की संगठन यात्रा में माताजी-पिताजी के योगदान के साथ उसके मामाजी का भी बहुत बड़ा योगदान था।

अनिकेत ने बहुत अच्छे से शैक्षणिक विषय में प्रगति की थी। सबसे पहले उसने दसवीं तक की पढ़ाई एक स्कूल में पूरी की, फिर 11वीं-12वीं, डॉक्टर अम्बेडकर द्वारा स्थापित सिद्धार्थ कॉलेज से की। उसके बाद वहीं उसने पाली में डिप्लोमा किया और उसके बाद डॉ. बाबा साहेब अम्बेडकर कॉलेज, वडाला में उसने BSc. IT किया। इसके बाद प्रतिष्ठित रुइया कॉलेज में उसने एमएस-सी में एडमिशन लिया। एमएस-सी उत्तीर्ण करने के बाद उसने राजनीति शास्त्र विषय का अध्ययन करने के लिए एमए में प्रवेश लिया था। अनिकेत के व्यक्तित्व में सामाजिकता नैसर्गिक रूप से विद्यमान थी। सामाजिक समरसता के प्रति उसका स्वाभाविक आग्रह रहता था। समाज की शिक्षा, शिक्षा की गुणवत्ता जैसे विषयों पर उसका आग्रह सदैव रहता था। वह मानता था कि शिक्षा की सुलभता सभी को सामान्य रूप से होनी चाहिए।

अनिकेत को उसके महाविद्यालय में विद्यार्थी परिषद् की पद्धति के अनुसार ही दायित्व मिला। जैसे कि निवास पूर्वी मुम्बई में था तो उसे पूर्व मुम्बई की इकाई का दायित्व मिला। उस समय पूरे भारत में अखिल भारतीय विद्यार्थी परिषद् का एक प्रयोग चल रहा था और वह प्रयोग यह था कि उस

समय माननीय सुनील आम्बेकर जी जो उस समय अखिल भारतीय विद्यार्थी परिषद् (एबीवीपी) के राष्ट्रीय संगठन मंत्री थे, उनका कॉलेज के अध्यक्ष और मंत्री के साथ सीधा संवाद चल रहा था। इस प्रकार का अभियान पूरे देश में चल रहा था। पूर्वी मुम्बई में इसी प्रकार के अभियान के दौरान माननीय श्री सुनील आम्बेकर जी की उपस्थिति में, अनिकेत को पूर्वी मुम्बई में, संगठन का पहला दायित्व मिला। अनिकेत ने न केवल उस दायित्व अपितु भविष्य के अन्य दायित्वों का बहुत अच्छी तरह से न केवल निर्वहन किया अपितु उन दायित्वों को गरिमा प्रदान किया। अनिकेत बहुत कम समय में ही बहुत ही अच्छे तरीके से परिषद् की कार्य पद्धति में घुल-मिल गया। इसमें केवल संगठन की भूमिका थी ऐसा नहीं है, अनिकेत स्वयं में भी सामाजिक कार्य में रुचि लेने वाला और किसी भी गतिविधि को स्वाभाविक रूप से नेतृत्व देने वाला लड़का था। इस प्रकार उसका व्यक्तित्व संगठन के अनुसार ही था। इसलिए बहुत कम समय में ही वह एक आदर्श कार्यकर्ता के रूप में उभरा। जल्द ही उसे मुम्बई महानगर के महाविद्यालय प्रमुख का दायित्व मिला। उसके बाद उसने बहुत सारे कॉलेजों में आन्दोलन किया। उत्तर मुम्बई में उसने बहुत अच्छे काम किये तो इसलिए उसका जो कार्यकर्ता के रूप में विकास है, वह बेहतरीन था।

वह पूर्वी मुम्बई का मंत्री भी रहा। उसके बाद महानगर महाविद्यालय प्रमुख रहा। और जब उसको मंत्री बनाने का विषय सामने आया तो बहुत ही बड़े पैमाने पर और बहुत ही अच्छे तरीके से उसे सहमति मिली। पूरी मुम्बई में इससे पहले कभी भी इतनी संख्या नगर परिषद् में और इस विषय में आई नहीं थी। और उसको जब मंत्री बनाया गया तो बड़ी संख्या में पूर्वी मुम्बई महानगर से, ९8 अलग-अलग महाविद्यालयों से छात्रों को बुलाया गया और

365 छात्रों की उपस्थिति में उसको मंत्री बनाया गया। केवल यही नहीं, वह जब मंत्री बना तब भी वह जहाँ रहता था, उस लाल डोंगर क्षेत्र में, वहाँ बहुत बड़े पैमाने पर उसका स्वागत हुआ। उसके मामा के घर में उसका तिलक हुआ, उसका अभिनन्दन हुआ और वहाँ से उस क्षेत्र में हमने ढोल-ताशा के साथ एक जुलूस निकाला था। उसकी काम करने की अपनी विशेष पद्धति थी। इस पद्धति के साथ जिसमें सम्पर्क, अध्ययन और विमर्श होते थे, यह सारा विषय करता ही था इसके साथ-साथ, वह आन्दोलन का भी विषय करता था। छात्रों से जुड़ा कोई भी विषय उसके लिए छोटा नहीं था, हर विषय उसके लिए महत्त्वपूर्ण था। यही कारण है की बहुत कम समय में छात्र समुदाय के एक बड़े वर्ग का स्नेह उसे मिला।

अनिकेत जब मंत्री हुआ, मंत्री होने से पहले वह विस्तारक बन चुका था। 2013-14 में वह मंत्री बना और मंत्री बनने के बाद उसके नेतृत्व में बहुत-से अलग-अलग आन्दोलन हुए थे। 2014 में हमें 'थिंक इंडिया' के एक कार्यकर्ता श्री राजरानी के माध्यम से पता चला कि 'मल्हार' नाम से एक फेस्टिवल सेंट जेवियर्स कॉलेज में चलता है और सेंट जेवियर्स कॉलेज के मल्हार फेस्टिवल का जो उद्घाटन करने वाली हैं—वह नक्सलाइट आन्दोलन में सक्रिय होने के कारण गिरफ्तार हुई थीं और अभी एंटीसिपेटरी बेल पर बाहर हैं। ऐसी सिंगर और कबीर कला मंच की प्रमुख शीतल सेठी वहाँ आनेवाली हैं और वह सेंट जेवियर कॉलेज में उद्घाटन सत्र में रहेंगी। यह जब पता चला तब उसका अध्ययन कर, उसका विषय पूरा जानकर, समझकर अनिकेत और उस समय के प्रमुख कार्यकर्ताओं ने उस आन्दोलन का नेतृत्व किया और

कहा कि ऐसे लोग जिनकी आपराधिक पृष्ठभूमि है उनको महाविद्यालय के उद्घाटन सत्र में नहीं आना चाहिए। आपराधिक छवि के लोग, हम छात्रों को क्या बताएँगे? इस बात को लेकर उसने एक आन्दोलन शुरू किया था और उस आन्दोलन का उसने बहुत ही अच्छे तरीके से नेतृत्व किया था। चूँकि उस समय चुनाव चल रहा था इस कारण से उस आन्दोलन ने पूरे भारत में इस विषय ने तूल पकड़ी और इसमें अनिकेत ने बहुत ही शान्ति से सारे मीडिया को, सारे लोगों को सँभाला और उसका नेतृत्व किया।

इसमें एक बहुत दिलचस्प बात यह है कि इस विषय में अपने प्रकाश अम्बेडकर जी इन सभी लोगों के बहुत नजदीक थे और अभी भी हैं। उन्होंने इस विषय के सम्बन्ध में उनके मामाजी को फोन किया और उन्होंने अंकित के मामा से पूछा कि यह अनिकेत कौन है? यह तो लग रहा है, अपने समाज का विरोधी है और राष्ट्रीय स्वयंसेवक संघ के लिए काम करता है। ऐसे कैसे कार्य कर रहा है, ऐसा नहीं होना चाहिए। जब उसके माताजी-पिताजी ने अनिकेत से पूछा तो वह बोला कि मैं जानता हूँ कि मैं क्या कर रहा हूँ और यह भी जानता हूँ कि वह लोग क्या काम करते हैं? इसलिए नक्सली आन्दोलन के विरोध में खड़ा होना, देश के साथ खड़े रहने जैसा ही है। इस घटना में उसे अपने परिवार का पूरा समर्थन मिला। वह भी बिना किसी दबाव के, ए.बी.वी.पी. का कार्य करता रहा।

अनिकेत का सदैव प्रयास रहता था कि वह रचनात्मक दृष्टिकोण लेकर कुछ-न-कुछ अच्छा कार्य करे और ऐसा ही एक बहुत ही बढ़िया विषय उस समय उसके माध्यम से प्रारम्भ हुआ था। अनिकेत को यह समझ आया कि नक्सली

आन्दोलन का इतिहास और उसके प्रभाव के बारे में सभी को जानना चाहिए। इतना ही नहीं, अनिकेत ने आगे जाकर कहा कि नक्सलाइट मूवमेंट सबको समझना चाहिए कि कैसे नक्सली आन्दोलन शहरों में कार्य करता है? उसकी क्या गतिविधियाँ रहती हैं? इस विषय को समझने के लिए उसने एक परिचर्चा रखी और उसमें उसने 'लोकसत्ता' के एक नामी पत्रकार हैं, जिनका इस नक्सलाइट विषय में बहुत बड़ा नाम है, उनको बुलाया। उस परिचर्चा में श्री आशीष चौहान जी भी थे जो वर्तमान में अखिल भारतीय विद्यार्थी परिषद् के संगठन मंत्री हैं। बहुत ही अच्छी चर्चा हुई, जिसमें परिषद् और अन्य संगठनों के लोग जिनकी इस विषय पर रुचि थी उन्होंने इस चर्चा में भाग लिया।

अनिकेत ऐसा लड़का था जो देश और राष्ट्र के विषय में पार्टी के अन्दर सजग रहता था। वह समाज को अपने व्यक्तिगत हित से सदैव ऊपर रखने वाला लड़का था। यदुनाथ बताते हैं कि उन्हें आज भी अनिकेत से हुई वह पहली मुलाकात याद है कि कैसे लम्बे-लम्बे बाल को देखकर उन्होंने अनिकेत के बारे में जो छवि बनाई थी वह कैसे बाद के दिनों में अनिकेत ने अपने व्यवहार और नेतृत्व से तोड़ दी। वह कहते हैं कि अनिकेत का एक कार्यकर्ता से संगठनकर्ता के रूप में हुए विकास को उन्होंने बहुत करीब से देखा है कि कैसे वह अलग-अलग महाविद्यालय में जाता था। जहाँ सदस्यता नहीं हो पा रही थी, ऐसे महाविद्यालयों की सूची बनाना व वहाँ जाकर कुछ-न-कुछ गतिविधि करना। इस तरह लोगों को जोड़कर, वहाँ सदस्यता शुरू करना। यह सारी गतिविधियाँ, केवल यदुनाथ को ही नहीं अपितु अनिकेत के मित्र सुधाकर मिश्र को भी याद हैं। वह संगठन कार्य के साथ, अध्ययन पर भी पर्याप्त ध्यान देता

था। अखबार में क्या विषय आ रहे हैं? किन राष्ट्रीय या शैक्षणिक विषयों पर संगठन को मत रखना है और वह मत क्या होना चाहिए। इन सब बातों की तैयारी वह स्वयं भी रखता था और जिस विषय पर सन्देह हो ऐसे विषय पर देवदत्त जी, आशीष जी, सुनील जी से मार्गदर्शन भी लेता था।

अनिकेत के कारण उसके परिवार और समाज में बहुत परिवर्तन आया। अनिकेत के घाट और आसपास के समाज में अनिकेत पर बहुत ज्यादा निर्भरता थी। उसके आसपास के लोग कोई भी कार्य अनिकेत से बिना पूछे नहीं करते थे। उसके घर में जो भी विषय आता था, उसके माता-पिता, उससे फोन पर पूछकर ही करते थे। अनिकेत की अनुपस्थिति में भी परिषद् के कार्यकर्ता उसके घर आते थे और भोजन करके जाते थे। वह अनिकेत के घर को अपना घर मानते थे। केवल अनिकेत का घर ही नहीं बल्कि आस-पड़ोस के उसके मामा, काका, चाचा, उनके दोस्त, ये सारे अनिकेत के कारण विद्यार्थी परिषद् से जुड़े हुए थे और अभी भी वे जुड़े हुए हैं। यदुनाथ बताते हैं कि जब उनकी पूर्णकालिक जीवन से वापसी हो गई और जब वह पूर्णकालिक कार्यकर्ता नहीं रहे तब उन्होंने अनिकेत के जीवन का सबसे महत्त्वपूर्ण भाग देखा—दुर्भाग्य से वह कोरोना वायरस का समय था। ऐसे समय जब लोग अपने घर में छिपे हुए थे, उस समय वह अपने घर से लोगों की सहायता को निकला। उसकी माताजी जो आरोग्य सेविका हैं, उनको कोरोना के समय कार्य करते देखकर, अनिकेत ने भी कोरोना के समय समाज के लिए कार्य करने की प्रेरणा ली। यह कार्य उसने बहुत अच्छे तरीके से किया। उसने रात और दिन धारावी की झुग्गी-झोंपड़ी में न केवल स्वयं कार्य

किया अपितु बहुत-से लोगों को इस अभियान से जोड़ा भी। इस प्रकार इस पूरे अभियान में कम-से-कम 350-400 छात्र कार्यकर्ताओं को साथ लेकर उसने कार्य किया। इस पूरे अभियान में घर-घर जाना, उनकी टेस्टिंग करना, उनको मास्क के बारे में जागरूक करना, पॉजिटिव होने की अवस्था में उनको शिफ्ट करना आदि शामिल था। ये सारी चीजें उसके नेतृत्व में हुईं, धारावी में केस कम होने के कारणों में अनिकेत और अन्य कार्यकर्ताओं का संघ और अन्य सहयोगी संगठनों के साथ समन्वय आधारित कार्य भी है। इस अभियान को मीडिया के प्रिंट, इलेक्ट्रॉनिक और डिजिटल माध्यमों ने कवर किया। जब वह काम कर रहा था तो उसकी माताजी हर रोज उसे फोन करती थीं कि तू कैसा है, तू भोजन करता है कि नहीं करता है? अनिकेत, बाहर घूमने मत जा। अगर तुझे आना है तो तू घर आ जा। हम देखेंगे, हम करेंगे। अन्त में अनिकेत उनको प्यार से पूछता था कि आई, तू नहीं घूमती है क्या? तू नहीं काम करती है क्या समाज के लिए? तू कैसे सब लोगों से मिलती है? तू कैसे म्युनिसिपल कॉरपोरेशन के अस्पतालों में जाती है? तू कैसे अलग-अलग झुग्गी-झोंपड़ियों में जाती है? तुझे कुछ नहीं होगा? वह अपनों को बताता था कि यह परिस्थिति ही ऐसी है कि हम सभी को कुछ-न-कुछ करना पड़ेगा। समाज में ऐसी परिस्थिति आन पड़ी है कि सबको सहयोग करना पड़ेगा। ऐसे वो माताजी को समझाता था। माताजी भी समझती थीं मगर भावुक और चिन्तित भी होती थीं। कोरोना के समय अनिकेत के जीवन में एक बड़ा कठिन समय आया, जब कोरोना के दौरान उसके मामा, जिन्हें वह बचपन से पिता जैसा मानता था; उनकी कोरोना से मृत्यु हो गई। वह बहुत ही कठिन समय था, उस समय सहायता कार्य के दौरान वह स्वयं कोरोना की चपेट में आ गया था। अनिकेत स्वयं कोरोना से संक्रमित होने के कारण मामा के अन्तिम

संस्कार में जा नहीं पाया। ऐसा कठिन समय, उसके जीवन में आया मगर उसके परिवार को यह सन्तोष था कि अनिकेत के कारण हजारों जिन्दगियाँ बच रही हैं। अनिकेत के कार्य का न केवल धारावी अपितु सम्पूर्ण महाराष्ट्र और देश में चर्चा हुई।

अनिकेत की माताजी बताती हैं कि कैसे उसके सांगठनिक और सामाजिक कारणों के कारण अनिकेत को बहुत सारे लोग जानने लगे और इस प्रकार जब वह शादी की उम्र का हुआ तो हर जगह से शादी के रिश्ते आने शुरू हुए। लोग उनसे कहते थे कि हमारी बेटी को अपनी बहू बना लीजिए और ऐसे बड़े-बड़े लोग केवल उनके समाज के ही नहीं अपितु दूसरे समाज के सम्भ्रांत लोग भी इच्छा व्यक्त करते थे। अनिकेत की माताजी बताती हैं कि यह सुनकर और देखकर उनका विश्वास अनिकेत के कार्यों पर और पुख्ता होता था। अनिकेत की सामाजिक समझ और सांगठनिक समझ का ही परिणाम था कि उसके आसपास के लोग धीरे-धीरे ए.बी.वी.पी., हिन्दुत्व, राष्ट्रीय, राष्ट्रवाद आदि विषयों के विषय में न केवल जानने लगे अपितु समझने भी लगे थे। समाज का नेतृत्व कैसा हो? किस प्रकार समाज निर्माण के लिए हमें उन्मुक्त होना चाहिए, इस प्रकार की चर्चाएँ वह अपने आसपास के लोगों से करता था। यदुनाथ बताते हैं कि किस प्रकार से अनिकेत ने सुनील जी, देवदत्त जी के साथ बहुत अच्छा समय बिताया। वह बताते हैं कि अक्सर मुम्बई में होने पर अलग-अलग त्योहारों पर अनिकेत के घर जाते थे।

यदुनाथ, अनिकेत के घर के सदस्य जैसे ही हैं। अभी भी यदुनाथ को अनिकेत की माताजी कहती हैं कि हमें कभी आप अलग नहीं लगे और आपने भी कभी हमें अलग महसूस होने नहीं दिया। अनिकेत की माताजी ने उसको कुछ दिन पहले ही कहा था—'मुझे थोड़ा-सा डर लगा रहता है अनिकेत कि तू पूरे भारत में इधर-उधर घूमता है और खुद का बहुत ज्यादा खयाल नहीं करता।' वह अनिकेत से पूछती थीं—'तू भोजन कहाँ करता है, पता नहीं! तू जरा हर रोज मुझे फोन कर।' पिछले छह महीने से माताजी ऐसा कह रही थीं—'तू कब अपने व्यक्तिगत जीवन में गया है, तेरे बाकी दोस्त भी व्यक्तिगत जीवन में आये हैं, तू कब आएगा।' माँ का हृदय बच्चों पर रहता है इसलिए उस समय उन्होंने कहा था—'तुम मुझे फोन किया करो। सुबह बाहर निकलने से पहले और रात को सोने से पहले।' जिस दिन वह जलप्रपात में नहाने के लिए गया था और जिस दिन उसके साथ दुर्घटना घटी, उस दिन उसकी माताजी से बात नहीं हुई थी।

अनिकेत के जाने के बाद ऐसे सभी लोगों को बहुत बड़ी क्षति हुई है क्योंकि वह बहुत-से लोगों से जुड़ा हुआ था। बहुत-सी उम्मीदों का वाहक था वह। डॉ. बाबा साहेब अम्बेडकर ने जो कहा है कि संगठित हो और संघर्ष करो तो ऐसा ही संघर्ष का अलग सकारात्मक अर्थ अनिकेत ने अपने जीवन से दिया। डॉ. बाबा साहेब अम्बेडकर ने जो कहा है, वैसे ही अपने जीवन में अनिकेत ने करने का प्रयास किया है, जैसे बुद्ध वन्दना में भी कहा जाता है :

पाणातिपाता वेरमणी-सिक्खापदं समादयामि॥
अदिन्नादाना वेरमणी- सिक्खापदं समादयामि॥

अनिकेत की माताजी का मानना है कि बुद्ध के दर्शन को हृदय से पूरा